Славко Никић – Цаки
ИСПОВЕСТ
МОЖДА

Онај кога нећу никада заборавити је човек који је остао веран Српској полицији, онај кога су терористи убили: „везали га за џипове и растргли" јер је радио за српску полицију је Е. Ђ. – Мура. Мој друг и колега.

Славко Никић – Цаки

Можда
ИСПОВЕСТ

2010.

Баџина сахрана, „Интервју", 25. април 1997.

И слободни пишу

До сада о учешћу обичних бораца у рату на Косову и Метохији једино пишу они појединци који су по затворима Србије и Хага. Тамо су из ко зна којих разлога и на тај начин се ствара погрешна слика, као да су се на Косову и Метохији борили само они који су оптужени за ратне злочине или за нека друга кривична дела.

На тај начин се у широј јавности ствара лажна слика о српској полицији и војсци. А шиптари тако добијају ветар у леђа када промовишу српску полицију и војску тог времена као злочинце и криминалце, плаћенике режима Слободана Милошевића.

Тај терет уз помоћ (несвесну вероватно) ових аутора, неких исповести из тог рата преноси се и на генерације које немају везе са тим ратом. Пљују по српској полицији и војсци коју су сачињавали, а и данас их сачињавају најпоштенији људи наше државе.

Овај тренд би требало да се прекине, јер ово је време када се Србији помаже писањем истине о рату на Косову и Метохији. То можемо да променимо само ми који смо активно учествовали у том рату, па зато позивам све оне који су у рату учествовали да помогну да докажемо да смо ми само бранили своју земљу и да нисмо злочине правили ми, већ друга

страна. О злочинима Ослободилачке војске Косова (ОВК) упознат је цео свет. Наше је само да их на то подсетимо, ми који смо очима гледали „Клечку", „Радоњићко језеро", разне јаме које шиптари напунише Србима.

То не могу да пишу новинари који су чули да се нешто десило, већ ми који смо то покушавали да спречимо. Ако је међу нама и био неко ко је направио нешто што прља образ српског војника или полицајца, а самим тим и српског народа у целини, а на тај начин је нанео бол или срамоту нејачи и недужним грађанима без обзира на то ком народу они припадају, наше је да га само прозовемо, да се дистанцирамо од тих и таквих **можда** бораца. Не треба се бојати њихове освете. Они су кукавице, јер да су храбри то не би ни чинили.

Овог пута ја узимам ризик на себе и одлучих да пишем о мом учешћу у покушају да помогнем да се земља одбрани од онога што је задесило 1999. године. Цео свет то називаше ратом, а ја то називам рад. Јер ја сам и у тим временима радио скоро исто оно што сам радио 20 година као оперативац службе. Радећи за ту службу никада се нисам плашио хоћу ли изгубити свој живот радећи тај посао, који је изузетно опасан, па се зато ни сада не плашим хоће ли неки стручњак-правник наћи у овоме што сам написао и нешто што би била моја грешка, јер ако се узму у обзир све тадашње чињенице и оно што ја радих и из тога се извуче закључак да сам лоше радио, па онда ми треба и судити. Још се мање плашим реакције неких **можда** хероја.

МОЖДА

Споменик Петру Петровићу Његошу који је био у центру Приштине су шиптари порушили

Сматрам да сам поштено одрадио оно што је тада држава тражила од мене. Највећа љага пада на добровољце, јер се то поистовећује са свим прљавштинама прошлих ратова, што није реално стање. Ја сам један од добровољаца и не желим да неко на мене гледа са презиром. Зато ово и пишем. Желим да они који себе препознају као људе који су направили какву срамоту, а то су само они називали храброст, да се не плаше и поново буду храбри и уместо пушке узму оловку. На тај начин ће помоћи Србији, а и себи. Неће морати сваког јутра да се стиде себе када се погледају у огледало. Јер, човек може да превари цео свет, али себе не може.

Свако најбоље зна ко је и какав је. Ми као појединци пролазимо, поштено би било да деци оставимо чисту Србију. А не са прљавштином која нас све прља, а починили су је појединци од којих и неко од нас **можда** познаје неког. Да би се држава одбранила увек су потребни добровољци. Ово време препознајем као такво и јавих се опет као добровољац, овог пута са оловком у руци и мојим сећањем уместо пушке и војничког знања. Ако није у твом случају било ништа занимљиво брате мој по оружју, па напиши то. Помогао си Србију.

Ако се ниси плашио шиптарских банди и Нато авијације, па што се плашиш обичне оловке. На овај начин сви ми који смо у том рату учествовали на било који начин, имамо велику шансу да помогнемо Србији више него да узмемо пушке и одбранимо је од онога што је на помолу и што нам се спрема. Да Срби који су само чули о борцима (ОВК) ослободилачке војске косова, не би стварно помислили да су они

ратници којима смо ми недорасли – ја ћу их описати из једног другог угла, онако како их се сећам, па ће сваки Србин знати да су у ствари то прави зликовци и кукавице, а не наши борци, како би шиптари хтели да нас прикажу.

Сваки од заробљених, који ми признадоше да су пуцали, у знак своје одбране рекоше да су то радили само да би крали, а не убијали, јер крађа је код њих ваљда нормална. Али чега се паметан стиди тиме се будала хвали.

Ко не сме ништа да напише о свом учешћу у рату, а по кафанама и ноћним клубовима се хвали како је он борац, е он не може да спава, па зато и обилази те локале који раде ноћу, јер ако грешан заспе може му се десити да у сну умре, од страха и од подсећања на оно што га мучи. Па хајде хероји јавите се, ако вас има, а ако нико од нас није направио ништа, чега се може стидети народ и држава Србија, па и у том случају треба да се јавимо сви који смо у ратовима били и на тај начин се одбранимо од лажних оптужби. Није срамота ако си био у рату, а метка ниси опалио, јер рат није борба за рат, већ је рат борба за мир. Срамота је и у миру и у рату ако си направио какво зло над нејачима, недужнима, или ратним заробљеницима.

Сада Србију треба бранити оловком. Ову прилику користим да објавим мобилизацију, па изволте хероји, оловке у руке па истини у сусрет. Да не би носили лажни орден око врата у виду неког ланца, већ прави онај који се носи у души, а тај се орден добија од бога, то је Божји орден, прави православни.

Дуго сам радио по налогу службе – оперативац који је поред осталог често био „купац" дроге са др-

Зграда у Видовданској 56 (Маршала Тита) у којој сам живео од рођења

жавним парама и то на Косову и Метохији, од шиптара и ако велики стручњак Марко Ницовић у књизи „Марка Лопушине" то описа као нешто што је само он могао. Знам да је он најбољи, али могао је то још по неко, а да то није био шиптар. Ето на пример Цаки, а нека се Марко сети и Милана из Призрена. Не мора господин Марко Ницовић да нам у свакој емисији у којој учествује ставља до знања како је немогуће разбити шиптарску мафију и како су они најбољи.

Неко га може схватити погрешно, да их рекламира, а знам да није то мислио. Од тог упозорења нема користи Србија. Ако их толико добро познаје нека нам каже како да се боримо против њих, а не да се на тај начин препадају обични људи, јер они чују само оно што он каже.

Поглед на Приштину са моје терасе

Као оперативац научих и то да се успешност једног оперативца мери тако да што више случајева реши са што мање испаљених метака. То искуство ми је много помогло, па ја у ствари нисам ни био у рату већ у раду, јер сам радио исто што и 20 година са службом, само у мало отежаним околностима. А они који воле да пуцају, е они нису за оперативу.

Генерал-пуковник Драгутин Ђуричковић (сада пензионер) ми много пре рата на Косову и Метохији рече: Човек који себе може сматрати херојем рата је онај који не направи никакав злочин.

Онај који помогне нејач у ратним условима ма којој страни они припадали и човек који ратне заробљенике не убија, него по процени, или их врати одакле су дошли или проследи даље надлежним органима. Ако претпостављена команда каже да заробљеници нису интересантни, е онда херој ослобађа, а кука-

11

вица злоставља и неретко у таквим условима убија. Е па пошто генерал рече да су кукавице они који раде такве ствари, а ви се сетите неког, пријавите га и немојте се плашити, јер то су кукавице и они вам не смеју ништа. На тај начин ће сваки од нас који смо се борили на Косову и Метохији највише помоћи Србији, или да се одбрани од неоснованих оптужби, ако тога није било (чему се и ја лично надам) или да те кукавице казнимо и оперемо љагу са целог народа.

У животу се треба чувати највише самога себе. Сви остали без обзира колико то желели не могу ти ништа, ако се ти добро чуваш себе. Да не направиш нешто (што кажу полицајци) из ниских побуда. Али то се не учи, то се наслеђује или износи из куће као породично васпитање.

То је школа где програм установљава Бог и здрав разум. Ко од људи не зна да је злато племенито само у медицини, он је већ на погрешном путу. Ако помисли да је злато племенито и кад га обеси, најчешће око тикве, а ређе око главе, нека се само сете колико зла преживаше неки људи у прошлим ратовима у оним давним временима, да им се злато отме. Па су онда неки други **можда** људи то исто злато отимали од отимача, а и наносили им исти бол, онај који они некада некоме нанесоше. Погрешили су, е злато у тим условима је проклето, а не племенито.

Неки млади људи беху у заблуди када сви направише исте ланце, златне, дебеле, али после рата. Сви су убрзо изгинули или осуђени на највише затворске казне. Били су преварени да је злато увек племенито.

Несрећу је најлакше избећи ако на њу не мислиш. То је мене живот научио. Некад и ја мишљах да је сре-

ћа нешто друго. Као оперативца службе, живот ме научи да је срећа само илузија, а не циљ, идеја или ствар. Па према томе илузију не можеш да ставиш у џеп. Кад нешто ставиш у џеп и помислиш да је то срећа, оде илузија, ти помислиш да ти је срећа у џепу, а она је отишла заједно са илузијом. Ти тада постаде несрећан, а да тога ниси ни био свестан.

Када питаш материјално сиромашног човека како си, он одговара: има и горе, добро је. Што значи да је срећан.

А када то исто питаш материјално богатог човека он одговара онако гордо: Знао сам и за боље дане, што значи да је несрећан. Ја сам срећан човек, јер ме живот научи многим правилима којих сам се само придржавао и присећао шта ми ко рече у животу од мојих најмилијих

Велиша Б. Никић, мој отац

и људи које сам изузетно поштовао. Очева реченица (не смеш у животу никоме одузети живот, ма шта радио уколико он твој не угрожава). Знао је стари полицајац Велиша Никић. Тако ја не заборавих очево упозорење и постах срећан и без злата.

Сматрам да сам срећан и због тога што многе, додуше уз помоћ ратног полиграфа научих да се не може све са парама и због пара. Сви су они живи и здрави, а видели су да нису били срећни онда када су

13

протеривали Србе и Црногорце из својих кућа, када су их пљачкали, крали њихову имовину.

Срећа је она илузија о којој су сањали док сам се трудио да их вратим на прави пут – оним полиграфом, која постаде јава, онога момента када сам их ослободио и рекао им идите кући. Научио сам и њих шта је срећа. Сигуран сам – сви они ме воле, јер знају – они мене никад не би пустили живог.

Па нико се жив није ни вратио из њихових крвавих руку. Али, ја сам у том моменту био на задатку, у униформи српског војника, хришћанина православног. Све сам то морао тако да не би упрљао име српског војника. Хоћу ли ја икад заборавити полиграф ратни, не знам, а они неће сигурно.

Па зато у животу, памет у главу, а секира у шуму, а не памет у шуму, а секира у главу. **Можда** је ту било по неко прекорачење овлашћења, али ако се узме у обзир шта су радили, прошли су одлично. Нека се они моле богу да се ми више не сретнемо, јер у животу је све **можда,** па се ми **можда** и сретнемо, а ја опет на оперативном задатку.

Воле они мене, знам ја јер их ја научих да борци за слободу изгледају другачије, а да су они само џукеле рата, јер пси рата, то су опет неки други. Ово су наше сељачке џукеле које не беше стид да кажу ми смо пуцали само док смо крали, од Срба и Црногораца и ништа друго. Они су мени захвални, а и оном полиграфу, знам ја. Њих је само срамота, јер кад су се вратили кући, е они окачише златне ланце и седоше у мерцедесе и џипове. Па њих беше срамота да признају да их је ико у животу изшибао онако поштено. Ако им је икад више пало на ум, да шта слично поново ураде, а што

су радили прије полиграфисања, е то је онда моја грешка. Значи да није било ни добро, а ни доста, а то се зове „пропуст у раду због недостатка времена".

Нека ми не замере, **можда** се опет сретнемо и надокнадимо пропуштено градиво, а они онда буду мирни. Ко ради тај и греши, па ћу се ја поправити, ако бог да још коју шансу, да и ја мало педагошки делујем. А шта је ратни полиграф – па читај даље и све ће ти бити јасно, мој брате. А о неким догађајима и људима које само споменух, читаћеш врло брзо. Поново ћу по онима који се стиде сами себе, а и о онима којима се поносе сви који их познају. Јер ја сам само **можда** жив и немам чега да се плашим. Све оне које по имену прозвах, а они покушају да оспоре једно слово од овога, позивам да се суочимо, али уз помоћ правог полиграфа и психолога-стручњака, па да видимо ко говори истину. Па и ви – јавите се слободно.

 Славко Никић – Цаки

Полазак на терен

МОЖДА

Моје животне приче

1. Оперативац у рату
2. Зашто су се мене плашили многи полицајци више него ја њих.
3. Како сам хапсио Мусу Мехметија из насеља „Гавран" у Гњилану на Косову и Метохији
4. Како сам био „купац" робе (дроге) са државним парама.
5. Како сам кажњавао полицајце који су покушали да ме злоупотребе и гурну у неко кривично дело ради личног интереса.
6. Како сам избегао смрт од црногорских криминалаца којима је помагао и полицајац И. С. звани Баћо-Дрога из Бара.
7. Како ме претресао СФОР у Босни и није ми нашао пиштољ испод кошуље.
8. Како сам сазнао и коме сам рекао да ће др Зоран Ђинђић бити убијен.
9. Како сам похапсио групу криминалаца које су предводили Душан Спасојевић – Шиптар и Миле Луковић – Кум.

10. Како сам се одбранио од шиптара Агима Муратија – дилера дроге, када ме у центру Приштине напао са ножем у руци.
11. Како сам спасио студента, Грка да га шиптари не закољу на пијаци у Приштини.
12. Како ме врбовао Југослав Петрушић Доминик (Група Паук).
13. Како сам хапсио инспектора полиције Р. В. заједно са шиптарима.
14. Како је „Комнен" (плаћеник) одлучио да ми призна да ради за човека који ми прети смрћу.
15. Како сам чувао генерала полиције Радомира Марковића док је боравио на Косову и Метохији, 1998. године у Призрену.
16. Како сам избегао све замке: шиптара-нарко дилера и терориста, црногорских и српских криминалаца тога времена и неких служби безбедности, српских непоштених полицајаца, Бата Николића власника хотела Парк из Приштине.
17. Како ми се захвалио човек коме сам спасио сина и жену сигурне смрти.
18. Како је радио и чиме се бавио Хотел Парк у Приштини. Колико је суза у њему проливено.
19. Како сам ухапсио човека који је био брат народног посланика и рекао да ради за „Ч" из Сурчина.
20. Како је погинуо мој друг и колега Е. Ђ. – Мура.

МОЖДА

21. Ко је и када од мене тражио пригушивач за калашњиков.
22. Како сам хапшен у акцији „Сабља".
23. Моји затворски дани у самици бр. 18 док су у самицама 17 и 19 били Раде Булатовић и Борисав Микелић.
24. Како сам покушао да заштитим Рускиње које су биле заточене у центру Приштине и присиљаване на проституцију.
25. Како сам открио официра ЈНА Тахира Земаја да шверцује хероин.
26. Како сам разоружао човека због кога су интервенисали: Саша Вујко, још један пуковник РДБ-а Србије, као и полицајац криминалистичке полиције Зрењанина Мијат.
27. Како сам избегао смрт из **„сивог аудија"** земунског клана

Део тога сазнаћете у исповести коју пише некадашњи оперативац службе и учесник у свим овим догађајима Славко Никић – Цаки. Једини живи сведок из групе која је одузела највише дроге у периоду од 1990. па до 1999. године на територији Косова и Метохије. Ми не заслужујемо да будемо заборављени и ако сам само још ја можда жив.

Славко Никић – Цаки

Будва

Ко нас је чувао

Нама Србима и Црногорцима на Косову и Метохији су судбину кројили Срби и Црногорци, а не шиптари. Али само Срби и Црногорци за које су шиптари давали мишљење и оцену да ли су подобни или нису за рад у некој како ће се испоставити „можда служби", а која је била задужена да чува нас, грађане, државу.

Такво јој и име беше. Али ко је чинио ту **можда** службу добро смо и прошли. Изгубили смо само територију и део људства, могли смо сви изгинути, како су били верни онима који их примише на посао.

Врло мало Срба и Црногораца, поштених патриота се могло провући да ради у тој служби, јер они су поред осталогл имали и тешке задатке, на пример, да виде ко је крив.

Мајка српкиња којој шиптари кољу сина испред ње или шиптари. Није било лако. Сетите се Вучитрна.

Ко је крив Мартиновић из Гњилана кога шиптарски идиоти масакрираше или он, што се раније није одселио. Тешко, је л да? Е, то су били неки **можда** људи, који су радили у некој **можда** служби.

Жао ми је било кад се догодио пети октобар, волео сам и ја Слободана Милошевића, али ме утеши кад видех да ради метла у оној **можда** служби. Би ми жао што поред оних лоших и кривих одоше и они поштени, али и тако је боље него да и овде у Београду (где се бејаху довукли) траже и измишљају неподобне Србе.

Само мислим да ће Београд бити безбеднији кад сва та генерација која се довукла са Косова и Метохије оде у пензију.

Приштина

Србо Делибашић

Ма добро је говорио мој друг Србо Делибашић када га нису примили у ту **можда** службу како би себи олакшао бол, јер његове другове из генерације који му нису били ни интелектуално, а ни физички до колена, примише а њега не. Е браћо моја говораше Србо, па да би вас примили у ту службу мишљење су морали да дају шиптари – за вас су рекли да сте подобни, а за мене да сам неподобан зато ме нису примили.

Не може у тој служби да ради неко коме су шиптари запалили кућу. Ту можете да радите ви који ћете да нас слушате и који ћете до краја да останете верни нама, шиптарима који вас у службу и примамо говорио је поштени Србо Делибашић мој прави друг.

Недуго после тога је погинуо у саобраћајној несрећи, **можда** случајно, заједно са неким Милићевићем из Сувог Дола који је као новинар обишао све српске скупове, митинге и о њима писао о српском страдању. Е и он је погинуо у истој саобраћајној несрећи **можда** случајно, јер је и он као и Србо Делибашић искрено волео Србију и Србе, а они који су били примљени, е они су остали верни до краја

онима што их примише како им је и говорио покојни Србо. Еј, име му је било Србо, а он је био Црногорац, Делибашић, па значи ли вам то нешто. А ови други, е они су били задужени да одбране Косово и Метохију. Па каква одбрана тако и одбранише Косово и Метохију. Али они не погазише реч и остадоше верни онима који су их примили у ту **можда** службу, њима шиптарима.

А Србо, па Србо оста веран својој српској земљи Косова и Метохије и оста да лежи у њој и дан данас, као и онај Милићевић из Сувог Дола код Липљана. Много је било овога на Косову и Метохији, јер сви који су искрено волели Србију су морали да буду згажени.

Одрадио је свој посао

Оперативац у рату

Ово је истинита прича. Све ово ми се догодило баш тако како описујем. Не желим да било ко ово схвати као прозивање оних који су ратовали, у овом случају за Косово и Метохију. Ово је прича којом ја прозивам себе. Не желим да се забораве неки људи који су животе дали да би помогли Србију, као своју земљу. У рату је најлакше ослободити се људи који знају оно што временом постане срамота, кривично дело или злочин. Начин на који су неки од оперативаца службе изгубили живот је необјашњив. За мене као обичног човека то је само морало да се лепо одради и да ствар буде јасна.

Нисам чуо ни за једног оперативца службе који је остао веран у време рата, било да се ради о Србину, шиптару или Рому, а да је направио било шта чега би могли да се данас стидимо. Па зашто онда нису били заштићени. Толико су зарадили од оних који су се китили „њиховим перјем". Сигуран сам да би у обрнутој ситуацији оперативци боље и поштеније реаговали.

Они полицајци који себе препознају треба да се стиде. То су она звучна имена са Косова и Метохије. То су они који су звали „Београд" да се хвале резултатима. А резултате су сервирали они који су у време

рата или остављени да их Шиптари убију или су погинули на територији коју смо ми контролисали. Они су моје колеге, које је неко убио. Ја на овај начин желим само да кажем њима, мојим покојним колегама и Мури и Цаку и Боксеру да ме је срамота што ја као Славко Никић нисам успео да их заштитим. Било ко да их је убио био је кукавица. Шиптари зато што су заборавили колико су им ти исти људи помагали у оном (како они кажу) Слобовом времену, а Срби због тога што ови људи никада нису угрозили ни једног Србина. Па ни у оно тешко време за Србе.

Ви који се препознате слободно можете да дођете да ме убијете. Нећу се бранити. Ни они, моје колеге оперативци се нису бранили. Њих су клали, везали за џипове и кидали, пуцали им у потиљак. Па и ви ако сматрате да сте погрешили што ме не убисте у време рата, није вам касно.

Ова прича „Оперативац у рату" показује само то да поштење не излази из измишљених прича неких назови ратника или хероја. Поштење је нешто друго. Неки на тај час нису ишли у школу. Тражим да ми каже било ко да ли има икакав доказ да је неки од споменутих оперативаца направио неко злодело у рату. Није и ви знате. Рат је тест за храбре људе, а искушење за кукавице. Храбар човек увек омогући непријатељу, противнику, супарнику, назовите то како хоћете, да се поново сретну. Омогући му реванш. А кукавице не. Они одмах убијају, елиминишу или избаце из игре противника јер су свесни да су га на кварно добили.

Свесни су да немају храбрости за други пут. Али ти који ниси био у рату, ти треба да знаш, највеће

Припрема за одлазак на терен

кукавице су они кои причају по кафанама и кафићима како су клали и убијали. Лажу. Нису они никада ни видели шиптарског војника. То су обичне битанге. Нека се сете макар једног имена, па ћу им и ја веровати. Ако неко убије човека, а није га питао за име, па он онда не зна ни да ли је убио шиптара или Србина. То није ни шиптарски борац УЋК-е, а још је мање српски војник. То је само убица и такав треба да иде у затвор.

Да не буде да су у одбрани Косова и Метохије учествовали само они који се не сећају ни једног имена, а сећају се стотине фукарлука које су направили ја узех ово да пишем. Да видиш да сам заробљавао људе којих се сећам, да сам те исте људе по овлашћењу више команде ослободио и да је све то могуће проверити. Ратовали су они који су сада инвалиди или једва преживљавају. Ова моја животна прича ће те научити да разликујеш правог борца од лажова.

Нисам видео ни једног правог ратника да се шета мерцедесом кроз Београд. То су ти они мали опиљци који су лакши од воде и испливали су. Брзо ће то вода однети. Видећеш.

Драган Душанић је прави борац. Оста да лежи на Јунику.

Илија Вујошевић је био прави српски полицајац. Пензионисан јавио се да помогне. Погинуо је негде око Лапушника. Заклали га шиптари док је носио храну колегама. А није била његова смена. Е, због стотине оваквих који оставише кости по Косову и Метохији ја ово пишем. Нико не пита имају ли шта да једу њихова деца. Срам нас било све.

МОЖДА

Видећеш да и шиптари нису толико опасни и Рамбо-ратници каквима их представљају. Да су Срби храбрији и поштенији. Показах јер ја њихове ослободих и омогућих им да се поново сретнемо. А они – шиптари, не, они одмах пљачкају, силују и убијају. Е, то су обичне кукавице. Таква банда само сама себе може да назове војском. Нико други. Нека ми они који себе препознају као кукавице ураде или подмет-

Тренинг у природи

ну штогод хоће. Али њихову немирну ноћ не могу. А то је најтеже. Не могу мирно да спавају.

Нису заслужили они који изгибоше да их забораве сви који су на слободи. Да о њима пишу само они сужњи из затворских ћелија. Не знам ја јесу ли они што су у затвору криви или не. То ме не интересује. Мој оперативац ни један није у затвору. Они су

погинули. Ја ово пишем као слободан и на тај начин им одајем дужно поштовање. Али ми Срби знамо да ако некога помиње само друштво које је у затвору, е па ни он није бољи.

На тај начин се вређају ненамерно и наши борци који оставише кости по Косову и Метохији. Волео бих да о њима, осим новинара који су тамо били, напише још неко неку реч, а да није у затвору. Њихов претпостављени на пример. Немам ја намеру да ти сад причам причу:

Четар зове Грмију

Грмија зове Рубин

Рубин зове Авалу

Тихи зове Прлета

Паја зове Брзог

Курта зове Мурту

То теби који ниси ни полицајац, ни војник, а ниси ни био у рату ништа не значи. То те буни сигуран сам.

Али кад каже Славко доведи ми Брка теби то нешто значи. Ту има нешто. Па зато читај и види ко су и какви су ратници УЋК-е. Млади људи морају да знају да ни у рату не мора да буде правило да што више непријатељских војника убијеш, да си бољи патриота. Ако си непријатељском војнику одузео оружје, е ти више не можеш да га убијеш као војника. То је ненаоружан човек. Ти у том случају убијаш заробљеника и штетиш држави и народу, то је сраман акт.

А оне приче из кафића. Ма то је за оне који су ратовали у кафићима. Верuj ми и у највећем бомбар-

МОЖДА

довању су кафићи радили по Приштини. Ако ти у руке падне неко ко је правио највеће злочине, ако си га разоружао, па ни њега немој да убијеш. Дај га на суд, па да умре као ништа роба и фукара. Ако га убијеш ништа ниси доказао и његови га прогласе за хероја. Уважио си га. Ту грешке не сме да буде. А ако покуша у борби било шта што би могло да те угрози, е онда (наш народ каже) пушка мени, пушка теби, па како буде. Шиптари нису дорасли српском војнику. То су обичне лоповчине и ништа друго. А како ће бити и код њих у неко догледно време – видећемо.

Можда и код њих стигне правило и критеријуми који важе за цео свет. Па онда и они јасно кажу ко је кукавица, а ко храбар.

Мученици су и они што труну по затворским ћелијама. Њих бране само адвокати. Мало је то. Треба да се јаве сви који знају да има неистине у оптужбама против њих. А ако неко препозна нешто што је сам урадио, е ту су нам потребни храбри, а да је због тога оптужен или осуђен неко други.

Па јавите се „јунаци", а не да ваше фукарлуке други испашта. Нико више добровољаца није имао за пушку, а мање за оловку од нас. Како сада ствари стоје ови наши „надри-хероји" се плаше оловке више него нагазне мине. **Можда** су и у праву. И оловку и мину када активираш, лети на све стране, па можеш и сам да погинеш. То је главни проблем.

Када је Слободан Милошевић делио орђење, ред је био као испред „Дафимент" или „Југо-скандик" банке. Многи су стварно зарадили орден. Њима свака част, али ту су и они који чизме нису обули, а добили орден. Такви су сада на слободи. Њих прози-

вам и тражим да пријаве своје „ратне заслуге", а не да глуме приватне „бизнисмене", пензионере војске и полицајце, политичаре превртаче и спортске раднике.

Чега се плашите ако сте поштено ратовали. Не можемо се одбранити оптужби ако ћутимо. У својој одбрани по закону имаш право и да лажеш и нико те због тога не може казнити. Али немаш право да ћутиш.

Шиптари измишљају хероје и ако сами знају да су то бандити. Али пишу о својим кобајаги ратним подвизима, па на тај начин о себи стварају слику као да су они стварно били неки борци.

Па због свега овога јавите се, па шта буде. Немојте да цркавате по неким селима или тајним становима. Цркавање је за животиње, а умирање је за човека. Издаја је за фукару и нељуде, а смрт је за људе. Ви бирате, а од живота није остало много нашој генерацији. Па стегните каиш на задњу рупу и ту се покажите. У овој мојој животној причи ћете видети да се не плашим, нисам хтео ни маску да носим. Па и ви скините ваше маске и реците. Погреших или не, али реците.

Они који остадоше да леже по Косову и Метохији, не заслужују да их брукамо, јер се плашимо, они се нису плашили. Сигуран сам да уколико сваки од нас напише по једну своју причу, истиниту, доказаћемо да смо поштено ратовали и бранили своју земљу Косово и Метохију. А ако се деси да се и међу нама појави неки који је орден ставио у новчаник, е па такве и сличне треба изоловати, без обзира на функцију коју су обављали или сада обављају.

МОЖДА

Не требају нам звучна имена приватних фирми, власника млинова (који и данас шаљу жито и брашно онима који поклаше српску нејач).

Нека се јаве и они што праве станове, па нека у свакој згради одвоје по једну гарсоњеру за децу погинулих на Косову и Метохији. И они знају како су ратовали. Какви су ратници, нисам чуо за њих, али да су добри глумци, е то је сигурно. Јавите се победићемо и извући из затвора све невине борце.

Возило за терен

Славко Никић – Цаки

VOJNA TAJNA
STROGO POVERLJIVO

I Z J A V A

Ja vojni obveznik **НИКИЋ СЛАВКО** rođen **20.04.1960.**
godine u s. **Приштини** SO **Приштина** sa stalnim
mestom prebivališta u s. **Приштини** SO **Приштина** ul. **Улпијана**
П+8/2 br. **30** telefona br. **43-040** ovom izjavom se
obavezujem :

1.- Da ću AP (PAP), reg br. **62076** primljenu dana **08.07.1993.**
godine od strane Vojne pošte **9650 Пришт.** za **150** kom.
metaka kalibra **7,62** m/m, bezbedno čuvati, propisno čistiti i održavati
te da je u nijednoj prilici neću zloupotrebiti i javno nositi

2.- Na eventualni poziv za mobilizaciju odmah ću se, sa celokupnom zaduženom ~~opremom i municijom najhitrije javiti ovoj RJ Vojnoj pošti 9650~~

3.- Za svaku zloupotrebu ili nenamensku upotrebu zaduženog oružja i municije
spreman sam da snosim adekvatnu disciplinsku i krivičnu odgovornost:

Dana **08.07.1993.** godine   IZJAVU DAO
u **Приштини**   **Славко Никић**

Da je gornju izjavu dao i svojeručno potpisao v/o **Славко Никић**,
br.lične karte **Ц-6835** izdate od SUP-а **Београд**
te da mu ova izjava služi kao dokaz da je naoružan
od strane Vojne pošte **9650 Приштина** tvrdi i overava.

KOMANDANT
ПОТПУКОВНИК
Слободан Бошковић

Изјава о задужењу аутоматске пушке

МОЖДА

1998. година Приштина

На место пуковника Ђиновића долази Радосављевић Горан – мајор. Као и сви пре њега и он преко већ устаљених веза шаље ми поруку да би било добро да се упознамо. Нормално је то. Не одбијам и одлазим у кабинет који ми је био од раније познат. Многи су се договори ту правили између полицајаца и оперативаца.

Прима ме човек ниског раста, јаке грађе са лепим манирима и за разлику од његових претходника сам служи пиће. Представља се Горан Радосављевић.

Моје име и све о мени је већ знао. Па сам само осмехом потврдио да сам то ја – Никић Славко. Причамо о обичним стварима и за разлику од његових претходника, сфера његовог интересовања није **дрога** већ припрема за рат. Ја сам ту имао неког скромног искуства али сам ћутао.

Кроз разговор сазнајем да служба планира да од момака из града формира једну мању јединицу која би извршавала у случају рата одређене задатке. Проћи ће ти људи одређену обуку, па онда униформа и рад, каже Горан Радосављевић.

Сретали смо се тако Горан и ја. Једном приликом смо његовим црним џипом отишли до Белаћевца где

су већ били киднаповани неки Срби. Без обзира на онај први разговор он не форсира, а и ја ћутим. Сазнајем да се планира формирање неке ОПГ која би требало да функционише онако како мени не би одговарало. И Горан примети да ја нисам бог-зна како за то заинтересован па само престајемо о томе да причамо, а дружење настављамо нормално, не тако интензивно, али и не прекидамо. Неки други људи су формирали ту јединицу, радили касније неке послове, које – није ми познато, јер нисам био са њима.

Видим да су мале шансе да се прикључим некој легалној јединици која се спрема за рат. Крај 1998. Несигурност све већа, одлазе људи-цивили, остаје војска и полиција. Ја одлучујем да одем у Зрењанин и узмем моју опрему и оружје које имам.

Тета и Цаки

„Доминик"

Међутим, по мом одласку за Зрењанин где ми је живела породица у кући коју смо још раније 1996–97. купили, позива ме мој дугогодишњи друг, пријатељ и брат како смо један другогословљавали – Тепа, потпуковник полиције. Он тражи да се сретнемо да би ме упознао са неким човеком кога је упознао у Француској док је тамо одлазио службено. Колико се сећам Тепа је одлазио тамо да би неке наше грађане преузимао јер су тамо боравили нелегално, па их је Француска враћала на тај начин. Није ми било јасно шта хоће, али ваљда он има нешто у плану чим ме зове.

Стижем у Београд. Вече је било. Тепа и ја се налазимо у неком кафићу „Кич" у самом центру града. Конобар долази, ми наручујемо пиће. Тепа почиње разговор. Видиш ли брате само што нису почели да нас бомбардују, каже он, видим шта ћу ја сам само оперативац службе, ја сам ту ако треба.

Правдам се ја као да сам ја наговорио Солану да нас бомбардује. Ма ти нам сада и требаш, ти знаш шиптарски, познајеш терен, знаш њихове обичаје а мићемо са њима имати веће муке него са овима из ваздуха, наставља Тепа.

Видим ја он мене спрема за роштиљ, да ме убаци тамо где гори. Дуго се знамо и породично, мислим ја, није ваљда полудео да ме пусти низ воду, а **можда** и јесте, откуд знам. Имам ја неког ратног искуства, па знам да се у рату људи деформишу, промене тотално.

Али ипак не губим веру у Тепу. Једном сам му спасао живот, зна он. Нудили мени неки шиптари негде 1991. 500.000 швајцарских франака да ја наместим Тепу да га убију на Ветернику (брдо изнад Приштине). Нормално само сам урадио оно што је требало. И ето, Тепа и ја поново заједно 1998. године, па се надам да све добро мери о чему прича.

Скрати брате, изнервира ме мало, кажи шта хоћеш.

Сада ћу те упознати са човеком кога ја знам и за кога ти гарантујем, поче Тепа. То је наш човек који живи и ради у Француској, наставља Тепа. Хвали он човека, а ја му још ни име не знам, па каже: То је човек који је прошао многа светска ратишта, па је сада одлучио да и нама помогне. Добро, кажем ја.

То је државни човек, диже га он у небо, он ради за француску службу као ти за нашу, соколи Тепа мене. Њему треба неко као ти, не исправи се Тепа, њему требаш ти.

ОН, ма како се зове, прекидох ја Тепу. (Ја знам, научио ме је мој отац да прво чујем име и презиме човека, па онда причаш о њему или са њим, то је правило.) Југослав Петрушић, каже Тепа и заћути.

Опа изненађење, по презимену је Црногорац, помислих биће проблема. Али сетих се неких Петрушића из Добруше – комшије мога стрица Риста.

МОЖДА

Ово је српска чесма, а не француска

Знам да их је он стално хвалио као људе па ме то сећање мало утеши. Шта њему треба, питам ја Тепу. Он планира са својим људима да се бори на Косову и Метохији, па му треба човек са искуством и ратним, а и да познаје Косово и Метохију. Ћутим ја. Ја мислим да си то ти – каже Тепа и прекиде. Ћути он, ћутим и ја. Најбоље да га је позовем па се ви упознајте и причајте о свему што вас интересује.

Тако и би, назва Тепа неки број и поче да објашњава човеку да дође у ресторан МУП-а на Макишу. Плаћа Тепа рачун, али за мене, старог оперативца и то је неки знак.

Док смо се возили кроз град идући према Макишу кажем ја Тепи: Дошао неки Горан Радосављевић доле на место Ђиновића, ко је он питам ја Тепу. Онај мали каже Тепа (а Тепа још мањи) и ја не могах да сакријем смех, тај, тај мали потврђујем ја. Ма то је онај Горан – Шумадинац, он је ту у управи био и бавио се анти-тероризмом. Добар је он наставља Тепа. Од свега што ми је о Горану испричао ја упамтим само оно Шумадинац и добар је он. Стижемо до Макиша. Паркира Тепа ауто, улазимо у празну салу за ручавање и седамо за неким дуплим столом, лево од врата.

Не прође дуго времена, стиже човек: крупне грађе, дуже косе (за мене и Тепу је све дуга коса јер смо се у то време шишали на ћелаво) и необријан. Пун самопоуздања се пита са Тепом и упознаје самном.

Доминик (колико се сећам, рече он), а ја запањен од изненађења погледам у Тепу. Он се смеје и каже: то му је друго име не секирај се.

Ма ја имам само једно кажем ја, а то је „курчим се и ја" Славко Никић. Е, па онда окрену се човек и каже: Ја сам Југослав Петрушић родом из Медвеђе код Лесковца и наставља – из села (ако се добро сећам) Гајтан рече он.

Док је скидао јакну видео сам да испод пазуха леве руке има повећи револвер у футроли. Француз (Доминик), а носи пиштољ, помислих ја, али то не мора ништа да значи. Сви смо тада носили неко оружје.

Овај човек ме је провео кроз све специјалне јединице Француске, хвали га Тепа, па само та чињеница треба да ти значи нешто. О његовом доласку су обавештени – упознати и наши шефови па их стаде набрајати Тепа: Родољуб Ђ, Обрад С, доста је, не треба више, рекох ја и наздравих у знак нашег познанства. Добар сам и са Јовицом С, каже Доминик Петрушић, ако нам и он затреба имамо га.

Петрушић има своје људе са којима је и раније у другим земљама учествовао у разним ратовима, али сада му треба неко са искуством на територији Косова и Метохије, а ја мислим да си ти тај, каже Тепа и чека мој одговор. Добро, кратко сам одговорио.

Помињу они неког Орашанин Слоба, неког Пелемиша и још нека имена којих се не сећам. За такву врсту посла (обраћа се Тепа Петрушићу) у овим условима немамо бољег, опет ме Тепа диже. А ја из искуства знам да што те људи више дигну, лакше ће ти црева и утроба излећети ако се деси да паднеш, али ћутим и гледам.

Са пуно поверења у Тепу ја прихватам разговор. Тепа се поново обраћа Петрушићу и каже: Славко је

много радио за службу, учествовао је у многим акцијама хапшења нарко-дилера и трговаца оружјем, а и убица, присећа се Тепа.

Било је ту и ситуација где се Славко убацивао у групе људи који су планирали ликвидације неких наших колега полицајаца, све је то поштено одрађивао. Никада се није десило да је неку акцију продао.

Много пута је био животно угрожен и он, а и његова породица због онога што је радио за службу.

И даље ме хвали Тепа. Мислим непотребно, али у предратном стању то прија, јер **можда** и погинем, па нека остане макар прича – сећање. Служба га је плаћала колико је могла и како је могла додаје Тепа и заћута, ваљда се застидео када се сетио какве су то бедне паре за такав посао. Не проговори више ни реч.

Југослав (Доминик ми не избија из главе) се смешка и почиње његов монолог, а ја као да сам на неком тестирању, час гледам и слушам Тепу, час господина Доминик Петрушића. Износи његов план деловања на подручју Косова и Метохије и поред редовних послова у рату, што би рекли војничким језиком, задатак нам је да ухватимо неког (за мене добро познатог по злу који је нанео српском народу) команданта под надимком „Реми" из Подујева.

За мене то у том моменту и није значило немогуће, јер сам одлично познавао терен и људе са простора Подујева и околине. Ма познавао сам у прсте цео Лабски крај (простор који се протеже поред реке Лаб). Имао сам на том подручју много шиптара који су радили за мене (прикупљали информације које су ми биле интересантне), а ја их за узврат штитио од свих па и наше полиције, вадио им пасоше, возачке

дозволе, вадио им из притвора рођаке који су тамо доспевали из разно-разних разлога. А шиптар брате када пристане да шпијунира, то јест да ради за тебе, он ће ти и мајку продати само да ти докаже лојалност, а не неког самозваног команданта Ремија. Једино ми је мало загонетно зашто нам треба жив, јер ако смета има и јефтинијих и лакших начина да прекинемо његово деловање, а не да трошимо време и паре на лов на вештице.

Не сећам се зашто смо Доминик и ја изашли из ресторана накратко, знам само да смо отишли до његових кола (пасат-караван, стари тип) и да ми је том приликом показао неки „сателитски мобилни телефон" и француски пасош. Овакав телефон ћеш добити, наставља Доминик по повратку у ресторан и каже: њега ћеш морати увек да носиш са собом, јер је он свуда и на свакој тачки на планети доступан.

Носићу га није тежак, нашалим се ја да мало унесем неку ведрину у сувише озбиљан разговор који је почео да смара. Само да знаш, наставља Петрушић – Доминик – Југослав (ваљда да би ме убедио како је он и до сада био важан у овим ратовима који су се издогађали око нас) ја знам ко је организовао Сребреницу (оно стрељање о коме се прича по телевизији) и са којим људима је све оно одрадио. За сада се оптужује генерал Ратко Младић али веруј ми, наставља Петрушић, он хоће на тај начин да преузме туђе заслуге (он то назива заслугама, па он је блесав помислих, али га и даље пажљиво слушам). То му неће проћи, наставља он и каже, они који треба да знају ко је то урадио они и знају, а генерал Младић само нека измишља, каже неки Доминик – Југослав – Петрушић.

Слушај ме бре, поткокоти се он, генерал Ратко Младић никада неће бити ухапшен, јер то нико и не жели од великих сила, само се диже велика медијска ујдурма да би се цела ствар замазала и да се не би искомпромитовала акција коју је други обавио и служба у чије име је то организовао, каже Доминик – Југослав – Петрушић и „оста жив". Нисам знао о којој се служби ради само сам претпостављао.

Завршавамо са вечером и колико се сећам конобар се само лепо захвалио, а од нас нико није платио нити ишта потписивао. Помислих можда је стварно држава спонзор. Ја пристадох на ангажман, али под условом да за то моје деловање знају наше власти. Петрушић ми даје усмене гаранције да је све то о чему смо причали већ одобрила наша држава, Тепа потврђује, а мени остаје само да верујем и да радим.

Стари сам ја лисац или оперативац, исто ти је то, мој брате. Ако буде неке пукотине у ономе што ми они причају провалићу ја то, бодрим себе. Имам бре, опет ће Доминик одобрење од француске државе да организујем у сарадњи са српским властима одређене активности које ће имати за циљ помоћ Србији у одбрани Косова и Метохије, а да ће Француска преко мене (Доминика Југослава Петрушића) финансијски и другачије подржати све што ја испланирам, рече Петрушић и опет оста жив.

У мојој глави кошмер. Онај ко је изгласао и подржао одлуку о бомбардовању моје земље сада преко неког Петрушића који није сигуран ни како се зове Доминик или Југослав хоће да нам помогне да то исто бомбардовање ублажимо. Да оне које је запад наоружао (а то су шиптари) спречимо у намери да

МОЖДА

раде оно, што у ствари запад, којем припада и Француска тражи од њих. Па то је лудило помислих, али ћутим и мислим **можда** ја све то не разумем, а и верујем Тепи. Тепа све то потврђује и даје ми усмену гаранцију да је све ово што прича Петрушић тачно. Причали смо о томе шта нам је потребно од технике, као и колико пара нам треба за једну такву акцију. То је нешто што ћу ја да решавам, каже Петрушић онако самоуверено као да је у гепеку кола имао бар милион марака.

Као и сваки Србин у то време па и ја сам размишљао шта ће да једе и од чега да живи моја породица, док ја будем тамо – на Косову и Метохији, па га и питах, ко нам даје плату. Твоје је само да одеш на један кратак курс у Француску, а прву плату ћеш добити за пар дана и за почетак то ће бити 1600 дм.

На моје питање да ли имамо неку већ постојећу логистику на Косову и Метојихи мимо овога што ја могу да обезбедим и организујем одговор је био кратак и јасан. Имамо и то проверене људе. То су настави Петрушић не знајући да ће споменути људе које ја одлично познајем, пуковник полиције Божа Филић и његов рођак иначе радник ресора Државне безбедности у Приштини Славиша Филић – рече Доминик. У моменту када сам чуо о коме се ради нисам реаговао већ сам тему скренуо на друго питање које мене у том моменту више интересује. Је ли Петрушићу како ћу ја то за пар дана да примим плату питам га ја. Назваће те мој човек Слобо Орашанин и твоје је само да кажеш где и када хоћеш да се сретнете и да ти да коверат са платом.

Све ово причамо и још увек седимо у ресторану на Макишу. Када се будеш срео са Слобом Орашанин,

наставља он, и када се будеш упознао са њим он ће ти нормално дати плату, а ти њему адресу на коју желиш да ти стижу остале плате док ми будемо на Косову и Метохији. Више нисмо причали о послу и после краћег ћаскања се поздрављамо и свако на своју страну.

Тако је и било, после пар дана назвао ме је телефоном човек и представио се као Слобо Орашанин, пуним именом и презименом. Тражи од мене да кажем где желим да се нађемо јер има једну поруку за мене. Рекох му да дође код улаза за гаражу МУП-а. Тамо се стиже, објашњавам му ја као да он не зна, пролазиш поред Хитне помоћи која се налази поред ауто-пута.

Брзо је дошао човек озбиљног изгледа, са наочарима, велике диоптрије по мојој процени, и пружа руку и представља се, упознајемо се. Био је тих и мало је говорио, извади бели коверат из унутрашњег џепа неке јакне и пружи ми га. Нормално ја то узмем и пружим му папирић на ком је писала адреса на коју желим да ми стижу остале плате. Он одлази према паркингу, а ја поред кућице у којој је полицајац који диже и спушта ону рампу па кроз гаражу лифтом и идем право у канцеларију Тепавчевић Миодрага, потпуковника МУП-а у то време. То је било у згради у Улици кнеза Милоша 101.

Отварам коверат, а унутра све по 50 ДМ, тачно 1600, тридесет и две новчанице, нове. Показујем Тепи плату и питам га да ли му ишта треба, јер сам знао да живи скромно. Не сећам се да ли сам му ишта дао. Још мало приче и дружења и ја одлазим кући у Зрењанин.

Сутрадан седам у кола и правац Косово и Метохија, прецизније Приштина. Одлучујем да проверим

преко Божа Филића ко је у ствари господин Доминик – Југослав Петрушић. Стижем у Приштину.

Одлазим у канцеларију код Милића Пешића – оперативца и шефа једне групе криминалистичке полиције која се бавила борбом против кријумчарења и наркоманије.

С њим сам био у изузетним односима због моје раније активности на том пољу. Тражим од њега да ми организује састанак са Божом Филићем, пуковником, и кажем му на које околности. Пошто је била већ ванредна ситуација на Косову и Метохији – (ратна) Божо је имао само толико времена да ми каже да је зачуђен да ја уопште познајем Југослава Петрушића и да будем опрезан, јер се ради о опасном човеку.

Међутим, Славиша Ф. који је тада радио у РДБ, без имало опреза ми сугерише да безусловно прихватим сваку понуду (ни он не спомиње оно Доминик) Југослава Петрушића, јер је он изузетно моћан. Све ово је за мене почело да постаје као нека завера, нема два иста мишљења о господину, ратнику, шпијуну или патриоти Доминик Југославу Петрушићу. **Можда**, кажем ја себи и помислих, ма нешто ми се често појављује у доношењу процена ово **можда**, а то није добро, **можда** сам ја само мало неповерљив, биће све добро, храбрим себе.

Враћам се за Београд и чекам даље инструкције мог новог команданта – Доминика. У следећем контакту са Петрушићем почињем да склапам неке моје коцкице, себе упозоравам да будем опрезан, да после 20 година рада за једну службу која припада мојој држави Србији не постанем издајник.

По ономе што сам чуо од Доминик Петрушића где и како би требали да распоређујемо људе, с обзиром да одлично познајем тај терен почињем да сумњам да Југослава уопште и интересује командант „Реми" из Подујева. Од познатијих шиптара до којих би могли да дођемо на том терену лакше би било живог ухватити неког из породице Пацоли, а то ми даје за право да сумњам да је неко заинтересован да се дохвати великих пара кроз евентуални откуп. Јер ко је Пацоли „контроверзни бизнисмен" и муж Ане Оксе чувене светске певачице. То ми је познато.

То су за сада само моје сумње и претпоставке које су изнад имена Југослава Петрушића ставиле знак питања. Јер ако хоћемо да помогнемо Србији онда нам не треба жив командант „Реми" – он је кориснији за Србе и Црногорце које свакодневно убијају и киднапују на територији којом влада командант Реми мртав, а то у рату и није неки проблем.

Ја и даље поступам по договору, па примио сам и плату за то и чекам даље инструкције. Време пролази и рат само што није почео. Сви који имамо икакве везе са оним што ће се десити вршимо последње припреме. Ја који сам био оперативац службе, ради своје безбедности мењам систем одласка на Косово и Метохију као и одласка са Косова и Метохије.

Упозорење кума Милета

Мој кум (старо кумство) Миле Вуксановић директор Хигијенског завода у Приштини ме позива да када стигнем у Приштину дођем до њега обавезно. Њега сам волео и поштовао као оца и брзо сам отишао до њега.

Он је, колико ја знам и поред онога што је званично радио био официр ВОС-а, па сам знао да увек има добре податке. Каже кум мени, цитат. Слушај куме Цаки, како ме он звао, имам податке са терена да ти терористи из Лабског краја припремају киднаповање и да се добро пазиш јер ако те ухвате (па онда мала пауза), ћути и настављај са оним не дај боже.

Мој кум Миле Вуксановић је касније киднапован, **можда** баш од оних који су то спремали мени, откуд знам у оваквој ситуацији све је **можда**. Никада ништа више о њему нисам сазнао. Ето ти још једног разлога за моју опрезност.

Више нико па ни моја породица није знала којим ћу путем, којим возилом, а ни у које време ћу пролазити Косовом и Метохијом. А све ово, брате мој, зато што сам знао да за мене и није најгоре што ме може задесити смрт, има и тежих, много тежих ситуација, многи су се у то уверили, њих око 1800,

брате мој. То ти је колона од 36 аутобуса пуних путника, па ти види колико је то.

УЋК-е како смо их ми звали, а то су у ствари терористичке банде, су се већ биле повукле у шуме кроз које је водио сваки пут ако си хтео да стигнеш у централно Косово и Метохију. Њихова специјалност је била киднаповање и пљачка најчешће обичних путника-намерника, нејачи, а ређе оних који су им могли пружити отпор. Шиптари су то, брате. Они само глуме храброст и ништа друго. Да је то тако показује и чињеница да су поред осталих злочина направили стотине силовања и понижавања Српске и Црногорске нејачи првенствено, а и других, а као што је добро познато то храбри људи не раде. То раде само кукавице и нељуди, који су овога пута и предводили шиптаре, а од којих су многи и сада на власти те нове квази државе Косово. Каква држава такви и руководиоци, рекао би наш народ.

Из правца Македоније – Шарпланина. Из правца Митровице и Црне Горе – Бајгора. Из правца Ниша–Ћићавица, Бајгора и Орланска брда. Из правца Лесковца преко Мутиводе опет шуме и одакле год кренеш за Приштину идеш кроз шуме којима владају разне банде, па ако стигнеш.

Све су ово правци на којима су многи Срби и Црногорци оставили своје кости. Да ми се не наљуте моји Црногорци да споменем и подсетим нову државу Црну Гору да је много Црногораца оставило кости покушавајући да се домогну своје земље Црне Горе у шумама Чакора и правац Пећ–Кула–Рожаје је добро натопљен крвљу Црногораца и Срба, али опет нејачи,

па нека их и даље љуби и признаје нова Милова демократија.

Да се вратим ја на тему што би рекли новинари. Ето мене поново у Београду, опет звони телефон, ја се јављам и препознајем глас Доминика Петрушића који захтева – наређује да се нађемо и наставимо са припремама. Слушам ја као регрут. Опет ми се појави оно **можда, можда** тако и треба, кажем ја себи и нађосмо се нас двојица.

Ти мораш за Француску, каже он мени онако војнички, наредбодавно и наставља папири су ти готови. Курс ће трајати неких 2 месеца. Ја по претходно постигнутом договору пристајем, али тражим да ми организује састанак са неким од генерала Српске полиције од којих ћу ја лично добити гаранције да је све то у интересу Србије или бар службе за коју сам толико радио, и неће бити проблема, кажем ја могу одмах вечерас да кренем.

Доминик негодује и поставља ми питање, па зар ти не верујеш Тепи и мени. Ништа му нисам одговорио само сам мало омекшао и од њега сам тражио да када будем на аеродрому дође неки од српских генерала полиције и да ми махне и ја ћу бити задовољан.

Опет дрско пита Доминик, који генерал би волео да ти се појави и махне ти. Одговор је био јасан и за људе који су ме познавали очекиван.

Драган Илић, кажем ја и настављам са њим имам одличну комуникацију и њему безгранично верујем кажем ја мом новом шефу, Доминик Југославу Петрушићу. У реду каже Доминик када се будем договорио са Драганом сутра или прекосутра ти крећеш је ли јасно, јасно кажем ја и ту се растајемо.

Није успео то да организује, цео наш договор пада у воду. Ја не пристајем да радим са ризиком да будем проглашен за издајника, а прву плату сам већ одрадио, јер је већ истекао први месец и што би рекли наши људи квит смо. Плата беше привлачна, али ризик беше велики.

Оно можда оправда своје постојање.

Славко и отац Бранислав

МОЖДА

Заклетва на мајкином гробу

Време пролази, а ја остајем сам. Покушавам да се организујем да макар испуним свој завет, заклетву шта ли је то било што ја себи поставих као циљ и обавезу којом себе обавезах приликом мог последњег обиласка мајкиног гроба на гробљу у Приштини. Том сам приликом обишао и гроб мог заиста искреног пријатеља и друга покојног Срба Делибашића, који погибе када је имао 35 године.

Уколико се зарати, гласила је заклетва, нећу побећи са Косова и Метохије иако ми је породица ћерка М. и супруга В. као и моја два брата Б. и Б. са породицама безбедно смештена у својим кућама у Зрењанину, већ да ћу њој за душу бранити српску земљу у којој она лежи и данас док ја све ово пишем. Ма живот човеку одреди пут којим треба ићи, само је до човека да ли то сме или не, да ли то жели или не и да ли то хоће или не.

Да бих отишао у рат на Косово и Метохију довољно је било само да се сетим мајчиних речи пред прерану смрт. Умрла је у 39. години живота. Била је изузетно храбра жена, права Црногорка брате од Милатовића из Гостиља код Даниловграда. Пред саму смрт нас је окупила и тражила од нас: три сина и свог мужа а нашег оца Велише Никића из Куча опет нека гаранција да се реч мора одржат, да је сахранимо на гробљу у Приштини.

А ми онако тужни сви углас, ако хоћеш ми ћемо те сахранит у Црну Гору ако ти је то жеља молимо ми нашу мајку Косу.

Не каже она хоћу овђе ђе сте ви моји синови и муж, хоћу да ми ви обилазите гроб. Ту ћу вам бити најближа, а и жеља ми је да ви то чините онако како сам ја заслужила као ваша мајка и Вељова жена како га је она звала. Црна Гора је ђецо моја далеко, а и пут је опасан, па би се и у гробу секирала кад кренете да ми гроб обиђете, каже она храбро док нас четворица плачемо. Није ни знала сирота да ће она остати тамо сама, а да ће нас бандити светски и шиптарски протерати са својих огњишта.

Видим да је рат ту и да ја, а ни моја браћа нећемо моћи да испунимо мајкину последњу жељу да јој гроб обилазимо. Ја одлучујем да бар испоштујем заклетву којом се се обавезао да ћу колико могу као њен син бранити српску земљу Косова и Метохије којој она остаде верна и оста да у њој лежи.

Узимам моју униформу и оружје којим ме је моја држава Србија задужила много раније и крећем у своју мисију која се не мојом вољом зове рат, али се мојом вољом зове одбрана српске земље Косово и

Метохија. Размишљам која би позиција била најбоља да се покажем у најбољем светлу да не обрукам мајкин гроб који покрива баш та српска земља.

Не смем да сметнем с ума да сам ја Црногорац из Метохије село Добруша. Научио сам да пливам у хладним водама Белог Дрима, све ово опомиње, шта си радио радио си, сада немаш право на грешку. Већа би грешка била да ја убијем невиног човека па макар то био и шиптар, којих је врло мало, верујте ми, него да сам погинем. О другим грешкама не смем ни да размишљам, свако има свој разлог да оде у рат као добровољац, или да уредно прими позив, па и они са чијим се ја начином ратовања не слажем.

Што кажу наши стари све што чиниш, чиниш сам себи и никоме више. Чуо сам ја брате мој, да су људи присилно мобилисани и у ранијим ратовима и не само у Србији.

Тога има свуда и у великој Америци има људи који беже од рата, но њима је лако, они никад не ратују на својој територији, они су ти као они скакавци само прођу преко неке територије, по неки погине, а за њима пустош.

Али нисам чуо да су људи, војни обвезници, војно способни мољени да не иду у рат и да се не јављају као добровољци и патриоте. То се је мени десило, веровали или не. Последњи који ми је такву молбу и упозорење упутио био је онај пуковник кога је спомињао господин командант Доминик Југослав Петрушић – Божо Филић. Са њим сам се последњи пут видео у канцеларији нашег заједничког пријатеља Горана Паповића. Моли ме Божо и подсећа:

Доста си ти учинио као Србин и патриота, иди кући, доста си гнева шиптара навукао на себе и своју породицу кроз ранији рад за службу на чијем је он челу био у приштинском СУП. Убиће те неко, каже Божо. Сваки дан се пуца. Врати се, мало ме и прекори пуковник Филић Божо, сви су твоји ван Косова, немој улудо да изгубиш главу.

Заборавио пуковник да су моји и они који леже на гробљима Косова и Метохије. И мајка ми је ту, заборавио пуковник Божо Филић. Ваљда сваки човек полази од себе па и он. Прећутим ја те његове препоруке.

Све су они, полицајци и удбаши, знали и прочитали у разним службеним белешкама у информацијама, дојавама са терена и ко ми прети, и зашто ми прети, и како ће да ме муче када ме ухвате они – шиптари-бандити који имају срце као паук муда, знам ја добро њих.

Преживео је њих и мој ђед Божо у Албанији, па ћу их ја ваљда преживети овде. Само једно нису знали, нити су могли да прочитају.

То пише само у мојој души. Какав је то бол и патња, грижа савести, срам коју човек осети када помисли да остави мајкин гроб, у српској земљи Косова и Метохије а да и не покуша да га брани. Једноставно ја сам ту и не желим да идем одавде, док сви не останемо или не одемо, нема друге соколим ја себе самога.

Ма можда (опет оно можда) узнемирих се ја, ма можда је и боље што нисам начелник полиције, тешим ја себе. Ко зна колко би их похапсио да сам имао већа овлашћења када им ни сад броја не знам мислећи на

МОЖДА

Српско гробље у Приштини на коме је сахрањена и моја мајка Коса, а које су порушили шиптарски зликовци.

шиптаре који су организовали продају дроге, оружја и других њима својствених делатности.

На неколико дана пре бомбардовања које нам већ дуже време обећавају као да се све уротило против моје намере да останем на Косову и Метохији и испуним завет дат на мајчином гробу. Ма и мој друг Делибашић Србо је заслужио да бар покушам да одбраним и његов гроб јер ме је стварно волео а и ја њега, опомињем ја себе.

Моја кућа у Старом Грацку код Липљана

Ружић Илија ме зове

Звони телефон и ја препознајем глас мога таста Илије Ружића из Старог Грацка код Липљана. Моли ме плачним гласом, а колико је тужно кад Илија заплаче то знају само они који су то видели, да некако организујем да се његова млађа ћерка Зорица која је била у поодмаклој трудноћи (пред порођајем) некако извуче са Косова и Метохије јер је овде лудница, нема више услова за нормалан боравак нејачи, каже Илија.

Како њега да одбијем, какав је то човек, добар, ма какви добар, добар је увреда за њега. Он је најбољи. Он никога не би одбио ни за шта. Ми Црногорци би рекли он је једном рођен такав се више не рађа. Е па ти види би ли ико могао таквог човека који моли за своје дете и нерођено унуче да одбије и да му нешто објашњава. У души лом. Њима помажем, а мајкин гроб остаје без покушаја да га браним. Све ми се чини да ме из неког прикрајка гледа и покојни Србо Делибашић и каже иди ти, ми остајемо. Хоћу да пукнем, од муке.

Губим своју српску земљу Косова и Метохије, губим шансу да покушам да је браним, губим шансу да испуним завет дат на мајкином гробу, у глави хаос.

Али ја сам увек јак кад је најтеже, поново ја соколим себе и кажем све човек може ако искрено хоће.

Покушавам да размишљам рационално, како да све то организујем, али и да се вратим. Користим моје позиције у полицији, проверавам који правац за излазак са Косова и Метохије ми је најбезбеднији.

Добијам одговор тужан да тужнији не може бити. Свако иде на своју одговорност, нема више безбедних праваца каже мој друг и брат Светозар Барјактаревић родом из Калудре код Берана. Зна он добро ко су шиптари, ратовао је он шњима. Једном су му приликом у демонстрацијама шиптари бетонском плочом главу поломили, око му испало и тако га одвели до Београда. Њему морам да верујем, никад ме није слагао нити оставио на цедилу.

У задњих неколико дана најмањи број напада и киднаповања на Србе и Црногорце десио се на путном правцу Приштина–Гњилане. Преко Грачанице поред језера кроз село Сливово, па ако бог да за Бујановац и централна Србија је ту. Чудна безбедност помислих, само неколико киднаповања и 3–4 убиства. Куку нама помислих. Одлучујем да користим тај правац. Налазимо се испред зграде ЗОИЛ Косово где је радила Зорицина мајка Роса.

Илија ме пита шта ћемо Славко? Крећемо, викнух ја као да имам целу Рисију за моју пратњу. Зорица покушава да прикрије страх и сузе, али јој то слабо полази за руком, Илија већ у годинама и нема снаге да се бори са осећањима, плаче и гледа у мене, а Роса је знала да плаче и за мање ствари, па на њу и нисам обраћао неку пажњу. А она и остаје на Косову и Метохији па сам сматрао да је привилегована у одно-

су на нас. Ја из полицијског аута вадим наоружање за које сматрам да нам је потребно.

Поздрављам се са Светом Барјактаревић мајором полиције, Гораном Паповић човеком који организује што може као човек од ауторитета, Гораном Радосављевићем који је једини са правим ратним искуством, јер је у Српској добровољачкој гарди био пуних десет година,

Стварно добар човек – Илија Ружић из Старог Грацка код Липљана

код Аркана. Горан Радосављевић ми касније постаје кум, јер до тада ми је био само брат, а кум је ваљда нешто више. Било је ту још неких момака чијих се имена не сећам, и нека ми не замере, и они су имали само жељу да ми буду блиски, а једва сам их познавао. Али у рату су ти сви браћа, зато ја оно с времена на време кажем брате мој. Ја сам знао шта нас чека ако нас пресретне нека иоле озбиљнија група арнаута.

Зорици стомак до зуба, Илија стар, тужан, забринут, а ја за воланом са пушком на крилу. Смрт сигурна, али и то није најгоре шта може да нам се деси.

Оно што може да нам се деси знам само ја. Како да их упозорим, а да не доживе шок од страха. Сели смо у возило али ја не крећем, морам им рећи шта сам наумио. Није поштено да не знају.

Велике су шансе да ово буде последњи наш пут, нема смисла да не знају шта их чека. Ја сам Илију волео да ословљавам са Капетане јер му је то пријало, био је капетан у резерви. Капетане, мало подвикнем, ја као да га постројавам, уколико нас пресретну шиптари ја возило дижем у ваздух, он ћути, активирам бомбу, чујеш ли ме, он и даље ћути, само да знате то је моја одлука, друге нема. Зорица ћути. Сузе као из кабла што би рекао наш народ, али се труди да ми осмехом да подршку и одобрење за оно што сам наумио, а Илија тихим гласом Славко ти знаш колико ја теби верујем, све што одлучиш имаш мој благослов. Крећи, нареди Капетан.

Последњи пут гледају град у коме су рођени Зорица и њен отац Илија. Али опет оно **можда, можда** то тако треба, помислих и кренух. Ма сигуран сам да и моју покојну мајку питам шта да радим и она би ми

МОЖДА

рекла вози ту жену и тог старца, ја те сигурно чекам, мени не могу ништа, **мене чува косовска земља**. Најдужи пут у мом животу почиње, пролазим Грачаницу, а Илија и Зорица као да се извињавају Манастиру Грачаници и док пролазимо поред њега окрећу главу у леву страну, гледају српску светињу и појачавају јецање. То брзо прођосмо али поред језера туга, само по неко изгубљено псето, негде се појави по нека ситнија дивљач и ништа друго.

Трудим се да се сетим неких смешних догађаја из сређнијег времена, како би ми мало растерале ову тугу и овај јад. Паде ми на памет један мој друг Саша Пантић. Он је момак из града, можда мало млађи од мене, али смо се добро знали, расли смо у истој улици, близу. Е он је организовао неко дечије позоришту у којем је глумила и моја М. Целу је Србију са њима обишао. Он је био увек весео и расположен. Сетих се како ми је кад год се сретнемо причао, како док је са том децом боравио на Брезовици мислим у инфлаторно време, када је плата била 5 марака, за мало пао у несвест када му је моја М. дала 500 швајцарских франака да јој чува док се она игра са децом. Ма и он је тужан, прође ми кроз главу и он болесно воли наш град Приштину. Па и његов је отац – колико се сећам сахрањен на приштинском гробљу где и моја мајка Коса лежи.

Ма и он је тужан, сигурно је мобилисан помислих, знам ја Сашу, неће он да бежи. Воли он ову земљу. А и Сашин први комшија је начелник службе Државне безбедности Приштине Мишко Локовић, па ће он са њим сигурно. И тако прође мени добар део времена дружећи се у мислима са Сашом Пантићем и

63

његовим малим глумцима са мојом М. и малом Вером Ш. која је долазила да се играју и уче.

Живе душе нема. Грање и блато по путу. И тако у том грчу од страха ја се сетим неке приче када су ме стари оперативци спремали за рад да уколико те ухвате они против којих ратујеш, мораш да научиш да волиш онога који те бије.

То ти је једино што ти преостаје за борбу, једино оружје које нико не може да ти одузме је љубав, а љубав увек побеђује, научише ме они. У том заносу и размишљању о неким сретнијим временима пробемо без икаквих трзавица, здрави и живи.

Мој најдужи пут у животу, пут дуг само 70–80 км.

Бог је велики, помислих ја и хвала му, крстим се и не кријем радост. Шта ти је пита ме Капетан. Па ушли смо у централну Србију.

Кад смо прошли Гњилане и она села према Бујановцу ни сам не знам, али знам да ову малу мисију ја одрадих успешно, хвала богу, помислих.

Њих поведем до Зрењанина, а ја мало нешто поједем па назад, сам. Овог пута одлучим да идем преко Подујева. Ближе ми је, а и добро сам уморан.

Пункт Подујево

Сада ми је много лакше идем сам, само ја могу да погинем, само мене могу да заробе, само мене могу да муче. Делује ово мало морбидно, али верујте ми, помисао да неко не дај Боже у твом присуству мучи неког теби драгог, а у овом случају су то били Зорица са нерођеним дететом и Илија, човек који никада и никоме није ништа наудио, а шта су шиптари знали да раде, је неупоредиво већи бол од онога који човек може да доживи ако све те муке преживљава сам.

Користим ову прилику да подсетим све оне који су чули за смрт мале Јоване која је са мајком завршила најстрашнијом смрћу у кречани чувеној по злу, у селу Клечка, између Штимља и Призрена. То српски борци никада не би могли да ураде. То су урадили шиптари онакви какви су и не желим да то заборавим нити да покушавам да у мојој глави амнестирам целу нацију. Нека се прво шиптарски званичници ограде од таквих злочинаца и нека их процесуирају, па да траже да их неко призна као људе. Али ја нисам политичар, ја сам само оперативац који мора увек сам себе да упозорава на опрез и на оно што може да му се деси ако погреши. То сам учинио и сада. Настављам пут према Косову и Метохији.

Ауто-путем само по нека колона – војна или полицијска и ја као слободан стрелац. Све је прошло без проблема до Подујева. Улазим на Косово и Метохију. Надвожњак у Мердару на коме још увек пише СДГ – Аркан делује злокобно, опомињујуће, претеће. Нигде живе душе, језиво делује све то тако без људи.

У једном тренутку пожелех да се појави неко, па макар то били и шиптари, само да видим живу душу, да није све пропало, помрло. Стигох до Подујева. На уласку – раскрсница на којој се десно скреће за Подујево а право иде за Приштину, пункт полиције, мало даље, некада леп хотел претворен је у базу полиције. Док сам разговарао са полицајцем који ме контролише на пункту, први мрак али и први напад терориста.

Ја само Србин или Црногорац нисам то ни разликовао – истог секунда излазим из возила и чујем команду која важи само за полицију, а стиже преко радио везе једног од полицајаца који је још у рукама држао моја документа. Виче онај полицајац, јавља нека „Грмија" ако се добро сећам, нападају из села Доње Љупче, заузми заклон и склањај све са пункта.

Немам појма како, само знам да сам из кола узео мој калашњиков, чији је дрвени део био офарбан у црно и заиста не знам како, не сећам се, само знам да сам се нашао у том хотелу, чија је једна страна гледала према селу из ког је отварана ватра на нас – полицију.

Помислих **можда**, опет оно **можда**, можда је ово шанса да погинем на страни српске полиције и испуним себи жељу а и жељу многих оперативаца службе који су радили за службу, а мало ко им је веровао да то раде из патриотских побуда, па ни они за које су ради-

МОЖДА

ли и чију су каријеру градили излажући себе невиђеним опасностима, а да то нису ни морали.

Сви смо имали неки свој борбени положај са пушком избаченом кроз прозор. Мислим да смо испалили по неки метак, више да један другоме покажемо да се не плашимо него што је постојала шанса да некога погодимо. Далеко је Доње Љупче брате мој, за калашњиков. Тај посао је могла да обави само нека много озбиљнија машина од онога што један човек може да носи, али ту сам, па како свима тако и мени, помислим ја и мало се ускурчим, јер сви ме гледају – једино ја у цивилу са пушком. Мисле они ко зна које је ово мудо.

Онако како се чује пуцњава из даљине и не би толико опасно. Кад га љусну неко изнад моје главе цео рафал, мој брате, укочио сам се. Побише нас, помислих у моменту. Кад погледам, а оно неки млади полицајац узео столицу, ставио иза мене, јер није било места на прозор, он би ваљда да се покаже испред мене, **можда** начелника, како је храбар. Сиђе он са столице, па би да замени онај оквир са муницијом, један му испаде, други не може да извуче из онога прслука. Видим ја већа опасност из собе но споља.

Полако момче, смирујем га. Дете им бе ће виде они сас кога су се уватили. Оће ли они виђет не знам, али колко видим нама ћеш јебат мајку, побићеш нас будало, но полако седи и смири се. Нервира се мали и некако поново напуни ону пушку.

За овакве ситуације би ваљало да човек има оне шприцеве којима се успављују дивље животиње по резерватима. Само га шинеш и он одспава док криза не прође. Гледао сам то по телевизији.

Иначе овако не знам шта да радим, напред немаш куд, а назад касапница, пуца рафал са сред собе човек, па никад више није престало да ми звижди у ушима.

Полако почех да их соколим, кад сам видео да су се успаничили и глумим неког начелника. Они који ме знају, знају да ово није **можда**, ово је стварно. Много пута сам постројавао полицију – инспекторе, па ми је једном приликом рекао Милић Пешић који је данас ваљда потпуковник полиције. Сва је срећа што нам стварно ниси начелник јер би нам се јебала мајка какав си. Трајао је тај напад неких сат и нешто јаче.

Напад је одбијен, жртава није било, рекао би мој покојни друг Делибашић Србо који је био један од најбољих новинара Радио-Приштине. Али опет сам пред својим задатком, а полиција се враћа својим редовним дужностима. Раде они свој посао. Њима задатак задала држава, а мене заборавила. Мени овог пута задатак задала моја савест и заклетва дата на мајчином гробу. Опет исто питање, како даље? Приштина је мој циљ. Па зар је то толико далеко, само 30 км. Па то човек обичан, а не оперативац, дајем гас сам себи, пређе за ноћ. Опет исти одговор „нема безбедног пута до Приштине". Само можеш на своју одговорност, па шта ти Бог да.

МОЖДА

Млади војник гине

Моје искуство оперативца, које није тако мало, ме подсећа да би **можда** требало да употребим једно правило које се изузетно ретко користи. А то је: ако се ситуација на терену добро процени понекад је човеку безбедније да покуша да прође без оружја него са њим. Ово је та ситуација подсећам и опомињем себе.

У мрклом мраку оставим оружје и крећем као прави оперативац који познаје терен, језик и обичаје шиптара. Па ако ме заставе покушаћу да глумим шиптара (што ми је раније полазило за руком), а ако лоше одглумим биће то моја последња представа.

Зовнем Горана Паповића и тражим од њега да оде у полицију и тражи официра мајора Горана Радосављевића Шумадинца. Да му каже да ја крећем пешке из Подујева и да му да пушку са муницијом да би ми је донео ујутро рано до Лебана које се налази негде на 10 км од Приштине.

Горан налази Шумадинца који му без речи даје пушку и муницију. Али Горан Паповић ангажује колико се сећам неког Чолу да ми он то донесе до Лебана. Раном зором Чола креће из Приштине да би по договору био испред једне продавнице у селу Ле-

бане. Ја чекам на једном малом полицијском пункту који се налазио на раскрсници где се скреће за село Милошево и чекам да ми се неко јави. Без оружја не смем даље јер ме ту већ познају. Врањевац је близу; нема шиптара који ме не зна. Ту фолирања нема. Само пушка, па даље. Опет да човек не поверује, на корак до мог града, а даље не могу.

Чујем из правца Приштине некакву пуцњаву. Касапница – помислих. Не прође мало кад Горан Паповић ми се јавља и каже: Чола не може да стигне јер је наишао на напад терориста. Касније сам сазнао да је Чола успут узео неког војника који је био само стопер и у покушају да нађе заклон док ватра између полицајаца, чија је колона том приликом нападнута и терориста који су их нападали, престане.

Снајпер погађа војника у главу и он гине на лицу места у возилу које иде због мене. Не могу да верујем шта ми се све догађа. Осећам се кривим за смрт младог војника. Он је погинуо у возилу које иде по мом захтеву. Да човек полуди од муке ништа друго. Чола панично бежи, али ипак успева да се врати у Приштину. Не могу да прођем, враћам се до оног пункта на улаз у Подујево, узимам кола и моје оружје и назад за Зрењанин.

МОЖДА

Шеф жели да те види

Разочаран покушавам да нађем неки модус, неку варијанту како да се домогнем Косова и Метохије, ма Приштине, брате то је мој циљ. У тоталном разочарењу звони телефон, препознајем глас мог друга из Босне Бранислава Пухала – Пукија како смо га звали.

Само ми је кратко рекао „Шеф жели да те види" мислећи на генерала Ратка Младића. Сви смо знали у тим круговима ко је шеф. Ко зна шта хоће „шеф" кад ме тражи, помислих. Ма немам чега да се плашим. Сетих се како ми је у шуми између Жепе и неког језера, док смо седели на балвану из руке дао парче куваног меса, на шта сам се ја насмејао.

Шта се смејеш, љутито ме пита. Па проћи ће време шефе, причаћу како сам јео из руке генерала Ратка Младића и људи ми неће веровати. Ма шта те брига, ја знам да је то тачно, каже генерал, а бог ти је сведок.

Изађи на ону раскрсницу код уљаре за 10 минута нареди Пука и прекиде везу. Врати он мене у реалан живот, одоше сећања. Журим ја да случајно не закасним. Опет сећања. Последњи пут сам са генералом Ратком Младићем вечерао у Црној Ријеци тамо далеко од очију јавности, и када му је војник донео шољу киселог млека он је само пребаци испред мене и нареди војнику да донесе друго. Брзо се врати војник и онако војнички – босански и без стида: Нема господине генерале. Погледом ме генерал упозори да случајно не вратим ону шољу испред њега него да то ја поједем. Ма воли он мене, кажем ја себи и седам у кола. Поједох ја задње кисело млеко, ко сме да наљути генерала Ратка Младића опет сећања.

Човече чудо је мој живот. Био сам у возилу и када је СФОР покушао да хапси генерала Младића, па се нисам обрука. Немам разлога да се плашим

сусрета са генералом Младићем. Стижем до уљаре. Видим возило поред пута, задња таблица није осветљена. Препознаје ме и одмах креће, пратим га и стижемо у неко село у близини. Улазимо у кућу, обичну сељачку, што би наш народ рекао. За малим трпезаријским столом прекриваним мушемом седи генерал Ратко Младић. Каква част за мене, помислих.

Устаје, љубимо се, упознаје ме са својим домаћинима. Жена средњих година, веома узнемирена, прет-

постављам нашим присуством, служи нас кафом и слатким, од чега не сећам се. Обавезно ме је питао за здравље породице и моје, кад год смо се сретали, па и тада. После краћег времена нареди да одемо у другу собу. Он – генерал Младић и ја – само оперативац службе, обичан човек, али патриота, зна он. Ноге ми се тресу од треме, али храбрим себе: зна генерал шта ради. У једном моменту од велике среће помислих **можда**, опет оно злокобно **можда**, **можда** ја ово сањам.

Црна Ријека, 1996.

Седи, нареди генерал и видим није ово **можда**, ово је жива истина. Ја ово само пишем оно чега се сећам, ништа не измишљам, нема ништа **можда**, **можда** само нешто заборавим и то ти је то. Јава брате, разговор траје доста дуго. Сами генерал Младић и ја, Славко Никић.

Шта би рекао мој ђед Божо да ме види. Ђед Божо, лака му земља, је из Чикага – Америке, где је радио дошао да ратује за своју државу. Ма ја сам његов прави унук, ускокотих се ја. Не знам зашто али док сам разговарао са генералом Младићем сетих се мог пријатеља из Ужица пуковника полиције Ђорђа Керића и у мом маниру, одмах припремим одговор на питање које ће ми генерал Младић сигурно поставити.

Не прође дуго кад оно, као да ми је био у глави. Је ли Славко, шта ти радиш овде, рат на Косову и Метохији почиње, ти си из Приштине родом колико се сећам, опомињућим гласом ме пита генерал Младић. Ратно стање је прогласио твој Црногорац Момир Булатовић, наставља генерал Младић. Чека одговор и ћути. А ја онако ко из топа шефе, ви знате да сам ја целог живота радио само оперативу, кријумчарење, настављам ја, крећем сутра у Ужице, па ћу тамо по договору са мојим човеком, пуковником полиције Ђорђем К. да се договорим шта им највише треба на потезу који покрива ужички корпус, а налази се на територији Косова и Метохије.

Ма је л ти мене слушаш. Проглашено је ратно стање, каква полиција, војска је преузела целу команду. Када стигнеш тамо, кратко ће Младић мислећи на Ужице, тражи да се видиш са командантом Ужичког корпуса Груицом Давидовић (који је још увек пуков-

ник, тихо ће Младић). Ако он не буде ту тражи да се видиш са (колико се сећам, нисам сигуран), пуковници – један се звао Стипе, а други се презивао Плахаловић. Договарајте се и памет у главу, опомиње ме генерал Младић.

Тражи генерал Ратко Младић од мене да не смем ништа да урадим што би могло да ми ускрати право на понос који носим, а који сам до тада стекао борећи се да помогнем Србима где год су они били угрожени. Цитирам генерала Младића: Нејач, децу, жене, старце, болесне и оне који нису носили пушку – не да не смеш ти да угрозиш, него не сме нико под твојом командом, ма ком народу они припадали је л јасно. Јасно шефе и помислих и не тражи много од мене, јер и она заклетва

Романија 1996.

 Славко Никић – Цаки

МОЖДА

ГЛАВНИ ШТАБ ВОЈСКЕ РЕПУБЛИКЕ СРПСКЕ

ЗАХВАЛНИЦУ

ИВИЗИЋ СЛАВКУ

За пружену помоћ народу и Војсци Републике Српске и допринос ослободилачкој и одбрамбеној борби српског народа.

коју дадох на мајчином гробу ме обавезује на то исто, што генерал Младић тражи од мене.

А они који се лате пушке и на тај начин покушају да те спрече да браниш своју земљу, а падну ти у руке, е њима према заслузи, разумеш, опуштено ће генерал Младић. Лепо смо се испричали о свему што је у том моменту било актуелно. Успут онако док смо завршавали разговор каже генерал Младић – тражио сам од врха власти да ме активирају и да се укључим у одбрану Косова и Метохије, ма целе земље, али су ме одбили, тужно ће генерал, нису ми удовољили.

Гарантовао сам им да ће ред на Косову и Метохији без иједне цивилне жртве бити заведен у најкраћем могућем року, али не дају, опет још тужније каже генерал. Како да га орасположим, размишљам, а да га не увредим случајно. Јер од смрти његове ћерке Ане не сећам се да се икад насмејао.

Ма боље, кажем ја, не познајете ви шиптаре боље од мене. Слуша ме генерал као да ја могу да кажем нешто што он не зна. На саму вест да су вас активирали и да сте кренули према Косову и Метохији настала би таква паника код шиптара да би у стампеду који би неминовно настао у покушају да се домогну Македоније мнозина изгинула. Мала је Качаничка клисура да их све прими и испрати за Македонију. Погушиле би се те кукавице шефе, знам ја њих добро. Њихова храброст је само теорија, а у пракси кукавице, беса је шефе мит који су они – шиптари створили и на том миту су преварили цео свет, а онда би оптужили вас за те жртве. Насмеја се генерал Младић, а ја помислих и то си успео Славко Никићу да насмејеш живу легенду, генерала Ратка Младића. Ту се растајемо.

Ужице

Ја вршим последње припреме да уђем на Косово и Метохију, па макар погинуо, али у униформи српског – војника – полицајца све једно, а не да умрем од стида. Сваки човек у рату бира начин на који може да изгуби живот. Ја сам изабрао овај, а **можда** и преживим. Опет оно **можда** ме опомиње да је све **можда**, нема ништа сигурно у рату.

По договору са тадашњим шефовима полиције и војске, одлазим са људством и возилима по гориво за пут. Нас, колико се сећам, води тада неки полицајац Трајковић који је добио задатак да сва та возила одведе на полицијску бензинску пумпу која се (ако се добро сећам) налазила негде између ватрогасне гараже и саобраћајне полиције. Пунимо гориво и покрет.

Раном зором са одређеним бројем људи из Зрењанина, добровољаца крећем према Ужицу. Овим мојим момцима дајем реч да их нигде по имену нећу прозвати.

Лале су то брате мој, кад се све заврши кажу они хоће мирно да живе. Ја то поштујем и данас и њих ћу спомињати само као Лалоши. Стижем у Ужице и по претходно постигнутом договору дочекује ме пуковник полиције Ђорђе Керић. Одлазимо код ње-

га у кабинет начелника СУП-а. Лалоши остају у возилу и чекају. Није прошло много времена стиже и командант ужичког корпуса пуковник Груица Давидовић. Љуби се са Керићем, али и самном, као да се знамо.

Знам ја шта значи љубљење у оваквим ситуацијама. То ти је брате превентивно поздрављање, јер се можда више нећемо никад ни видети. Тако је то код нас Срба.

Договарамо се да са одређеним бројем људи добијем територију коју ћу контролисати, а коју, кажу командант корпуса Груица Давидовић и пуковник МУП-а Ђорђе Керић, неки шиптари користе да се домогну Црне Горе, бежећи од онога што су починили.

А онда за Албанију им Црна Гора и не брани, каже пуковник Груица Давидовић. Онако војнички, а дао га бог, два метра у њега, каже, али доста гласно, то мора да се спречи.

Шта ја ту треба да радим, питам. Керић се само смешка јер ме познаје, а командант ужичког корпуса Груица Давидовић скочи. Па мени су рекли да стиже специјалиста за шиптаре, стари оперативац са ратним искуством, а не регрут кога ја морам да обучавам, видно изнервиран одбруси командант. Смеје се Керић и смирује Груицу. Полако Грујо, шали се он, више је он шиптара похапсио него пола полиције косовске, сервира ме полако Керић. Али то је правило које ја знам па ми и не смета.

Онда нека ме не зајебава, видиш да нас бију са свих страна. Твој задатак је Славко, опет галами командант корпуса Давидовић Груица, да провалиш на који начин они заобилазе ове наше пунктове и да их што

МОЖДА

више по могућности заробиш, а не оно друго, уз један одобравајући осмех каже Грујо како сам га касније звао. Ево ја доле имам (мислећи на простор око Језера Газиводе) два пункта и војну полицију, Ђока (мислећи на Керић Ђорђа) има два пункта полиције али ништа.

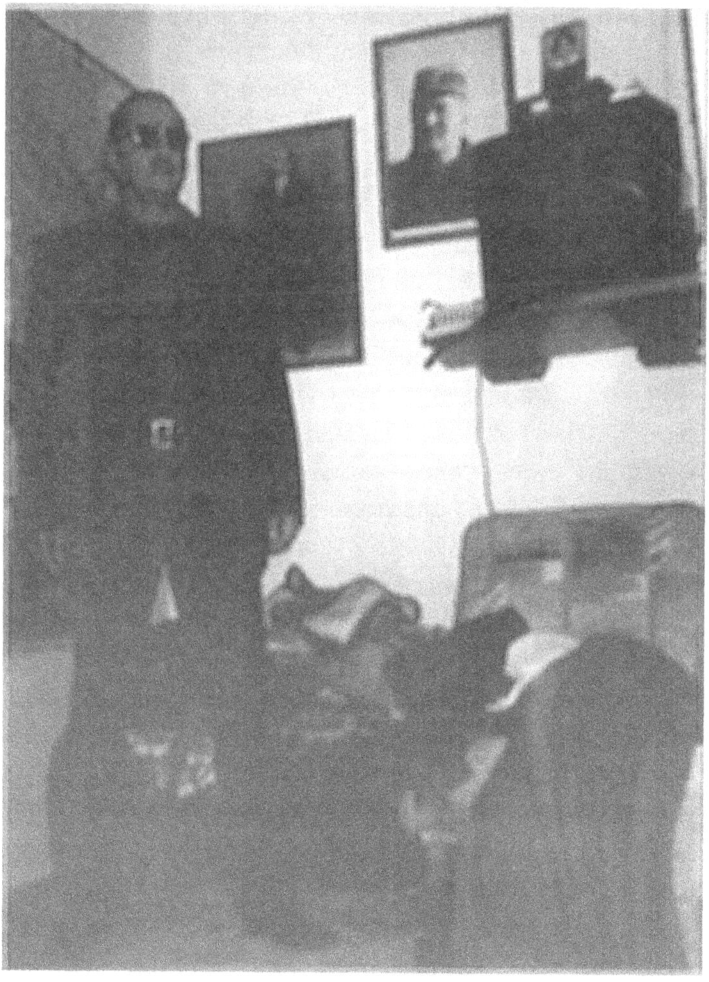

Полазак за Ужице

Само по неког ситног шверцера и ништа друго, наставља Грујо. Само кажи шта ти треба и цепај.

Треба ми само да ми кажеш који чин је највећи доле на терену са којим ћу имати контакт, питам ја. Доле ти је мајор Томић и он је добар момак, а има и неки потпуковник-резервиста нека будала, немој да дозволиш да те изнервира. Е па, Грујо, ја имам толико људи, кажем број и дај ми за њих све што је потребно у оваквим условима, плус тридесет посто више. Зачуђено ме гледа Грујо, али Керић који ме познаје све подржава, а Грујо ћути. То је први услов. **Други је да јавиш да стиже пуковник Никић Славко да ја то постројим, а не они мене.**

То није проблем, нареди Грујо свом возачу да оде до штаба и спроведе ова два захтева. Како је то урадио командант корпуса Груца Давидовић, Керић се насмеја грохотом. Шта је, пита га Грујо, па ти не знаш ко је овај човек, кад он узме као пуковник ове твоје гребароше доле под команду, ако буде од њих затражио ухапсиће они и мене и тебе човече.

Слушај Славко, каже Грујо немој да се зајебаваш. Кад ће Керић пре но што ја и покушах да дам одговор, што се тиче посла не бој се, све ће да одради што је могуће, зна да се носи са опасностима и ризицима, радили смо ми доста тога, шалим се мало и ту се заврши наше дружење кабинетско.

Задатак ми је јасан, надам се испунићу онај завет дат на мајчином гробу, а испоштоваћу упозорење генерала Младића, јер све то заједно, када има логистику државе и жељу да се покажеш као патриота и није тако тешко, смирујем ја себе док се спуштам низ степенице зграде полиције у којој смо били.

МОЖДА

Језеро Газиводе

Рече мени Грујо, враћам ја филм, да ја и испитујем могуће заробљенике, да ја доносим процену да ли их треба вратити на Косово или их пустити за Црну Гору, све је у мојим рукама помислих и седох у прво возило којим је управљао мој Лалош којем сам касније постао кум када се женио. Крећемо према Новом Пазару. Тамо ме дочекују неки Ракоњац начелник СУП-а колико се сећам и неки Чорбић начелник РДБ. Кратак договор и преузимам одговорност за део територије и људства.

Неки официр полиције, мајор Жељко, ако се добро сећам, отвара ми магацин и даје ми све што тражим. Оружје за све људе, муницију, још нешто од опреме и потписујем за све. Такав је договор са мојим Лалошима и ја то поштујем. Њихов писани траг неће бити нигде. Ово је моја мисија и за све одговорност преузимам ја.

Крећемо испред зграде полиције Новог Пазара. Опет све већ виђено, пут пуст и нигде живе душе. Кратку колону предводим ја Славка Никића, **можда** војник, **можда** полицајац, али Србин сигурно то није **можда**, коме душа плаче што му тамо неки руше земљу. Ма ја сам бре војни обвезник, терам ја мисли од себе које могу да уздрмају моје самопоуздање.

Имам право да волим моју земљу, а самим тим имам право и да је браним, на шта ме и закон обавезује, опомињем ја себе. Само желим да оставим позитивни траг у одбрани Косова и Метохије моје Приштине моје Добруше (село у Метохији где ми је живео ђед Божо и отац и сви стричеви). А и мој брат Ненад је остао у Добрушу сам. Последњи Никић у селу Добруша. Да испуним завет дат на мајчином гробу да ћу бранити колико могу земљу српску која је покрива, нема другог мотива. Користим искуство, а и познанства у полицији која сам стекао радећи за службу, да ову мисију што боље одрадим. Ја сам био само оперативац. Специјалност су ми били: наркотици, оружје, фалш новчанице, а и понека убиства сам успео да расветлим.

На овај задатак могу понети све осим панике и емоција. Од оружја на првом месту је реченица Марка Миљанова која опомиње на обавезу поштовања људских норми у свакој, па и у ратној ситуацији.

Јунаштво је бранити себе од другога, а чојство другога од себе опомену он своје Црногорце за живота, а да то поштују док буде и Црне Горе и Црногораца. Други како хоће, а ми Срби пореклом из Црне Горе то морамо да поштујемо, опомињем ја себе. Црногорац сам брате, па шта је ту је. Има у Црној Гори и других презимена, нису сви Ђукановићи, правдам се ја сам себи.

Прође ми и она реченица генерала Младића кроз главу. Она којом ме опомиње шта ја смем, а шта не смем као српски војник. На тај и такав задатак нису самном кретали академици. Морао сам да мислим шта сваки од њих може себи да постави као

циљ, а да нико за то не зна. И ту ми помаже моје искуство од 20 година рада са полицијом, на откривању разноразних ликова из света криминала, наркодилера, продаваца оружја, разбојника и убица, свега је ту било. Таква су то времена била.

Полако стижемо до раскрснице, односно места званог Рибарићи. Десно се иде за Црну Гору, а лево за Косово и Метохију. Осећам да сви прижељкују да скренем десно за Црну Гору. Тамо је безбедније, кажу, тамо нас само бомбардују, а на Косову и Метохији и бомбардују и нападају са земље шиптарске банде. Чудне ли лепоте и безбедности а и жеље, сину ми кроз главу.

Какав смо ми то народ када смо доведени у ситуацију да нам је лепше и безбедније тамо где нас само бомбардују. Али ја опет по своме. Не скрећем ни лево ни десно већ стајем на сред пута. Наређујем да сви изађу из возила.

Имена им не помињем, такав је договор, оће Војвођани после свега мирно и лалошки да живе, а не да стрепе, рече један од њих. Договор и дата реч се морају поштовати. Излазе из возила и као права војска на моју команду сви се построише. У ставу мирно, прави војници, чекају онако лалошки – српски која је следеће наредба.

Показујем на брда изнад Језера и кажем то је територија Косова и Метохије. Ћуте они као заливени, тамо су они који нам убијају нејач, руше светиње, мало жешћим гласом их подсећам.

Они мртвачки ћуте, мењају боју лица, али нико ништа не проговара. Многи од њих већ покушавају преко ових простора да се домогну – побегну за

Црну Гору и тако избегну правду, јер из Црне Горе за Албанију им нико и не брани да иду. Нико не трепће, чекају, ћуте ма нисам сигуран ни да ли дишу, али чекају.

Наш задатак је, опет ја да их зауставимо, и по могућности ухватимо живе, то је оно што се од нас очекује, то би било оно право. Јер ако их не ухватимо живе, никада нећемо ни сазнати јесу ли ишта криви или су погинули зато што су се срели са нама. Само ћуте тврди лалоши и гледају у мене, помислих ваљда ми верују.

То може да буде и тврдо, мала грешка и оде глава упозоравам их ја, шиптари су лукави и припремљени за овакве ситуације. Муву можеш да чујеш, мук. Предлажем, опет ћу ја, да ако се неко покајао што је кренуо, овде то каже и безбедно се врати кући, а ја обећавам да нико, нигде и никада о томе неће ништа знати и нема казне, браћо моја и страх је за људе.

Чекам да се неко јави, али опет исто, само ћутање. Али ако (укрупним глас да их мало препаднем) то неко покуша да уради кад уђемо на територију Косова и Метохије сматраћу то издајом. А издаја у рату значи метак, браћо моја, па ви видите шта ћете и како ћете, и зато нека се јаве они који мисле да нису за овај посао. Опет ћуте и гледају.

Тврди бре ови лалоши, помислих али и не погреших показаће време. Добро, кажем ја. Имам још једно питање за све, да ли желите сви да се живи вратите кући. Овог пута као по договору, у глас војнички ДА викнуше лалоши (моја браћа по оружју и данас).

С обзиром да не познајете ни терен, ни језик, ни обичаје непријатеља у овом случају само шиптара јер ове горе не можемо да ухватимо, њих само кунемо, а и

МОЖДА

нисте бог зна како вични руковању оружјем, мале су шансе за то, рекох и мало их разочарах, видим.

Али тако мора, мало топло, па мало хладно и све дође на своје. Они опет, као по договору ћуте. Слушајте ме добро, омекшах ја мало, има један услов који ако испуните, шансе да се вратите сви су много веће. Значи све је у вашим рукама. Желите ли да чујете који је то услов, курчим се ја.

Ето ти опет оно громогласно ДА. Е па, курчевито, али са пуно права рекох: треба само да ме слушате и верујете ми смртно.

Је л јасно?

Јасно, одговорише сви у глас и ситуација поста много пријатнија, поче и по нека шала да се чује и осмех на који смо били заборавили. Тај услов су они ваљда испунили пре поласка у ову кратку, ратни, али важну мисију.

У возила наредих и замном. Полако скрећемо лево, улазимо на територију Косова и Метохије. По раније постигнутом договору са војском односно са командантом ужичког корпуса Груицом Давидовић тамо ме сачека неки мајор Томић са својим људима. Томићева јединица је била смештена у некој старој школи која се налазила лево изнад пута, онако као из филма сакривена у шуми. Врло брзо стижемо. Услови ратни. Мајор прилази и пита ко је од вас пуковник Славко Никић. Ја рекох и изљубисмо се као Тихи и Прле у серији Отписани.

Моје људе прихвати неки момак који је већ био задужен за то, видим организовао је командант Грујо све што треба. Објашњава им онај момак где се спава, где се једе, где се склањају у случају бомбардовања,

а и где се сере, ако неко осети такву потребу. У гаће ће они уколико запуца, не треба им ништа, нашалих се. Наста смех, а мајор Томић и ја одлазимо у малу просторију, као из партизанских филмова. То је као неки мали штаб, а ми смо ту као нека муда, па је војник испред врата да нас чува док се ми договарамо. Не верујем својим очима шта ме снађе. Срећан сам као да сам дошао на свадбу.

Обавештавам мајора Томића да од сутра ја командујем и одлучујем шта је приоритет рада на том простору. Разумем, прихвати то мајор Томић као снаша ону ствар. Припремио ми командант Грујо терен баш онако како ја волим. Милије ми је да један дан будем командант него 20 година заменик.

Ми Црногорци више волимо да командујемо и да гладујемо ако треба, него да се најемо и да слушамо. Кад немамо коме ми командујемо кога ухватимо у кућу. Свака баба у Црну Гору зна стројеви корак боље од просечног маринца.

Знао сам ја да се ту негде мува, рекао ми командант Грујо неки потпуковник-резервиста, имена му се и не сећам, изгубљен у свемиру, како га је кратко описао командант Груица Давидовић упозоравајући ме да на њега не обраћам пажњу и да не дозволим да ме изнервира. Остало ће ти бити јасно кад га видиш, сећам се речи Груице Давидовића.

Пожелех да се мало умијем, кад ето ти изненађења, мајор Томић ми из неког гуменог, малог резервоара посипа воду, а потпуковник (оригинал онај Бошко из филма „Битка на Неретви") држи ми пешкир. То Славко, мајсторе, ти си прави чим те овако поштујем, али не усуђујем се да погледам пот-пу-

ковника јер пућићу од смеха, оћу да умрем покушавајући да се уздржим. Одглумим ја неки кратки кашаљ колко да се испразним и вратим у нормалу.

А потпуковник, везао се опасачем, оним старим. На њега накачио фишеклије, све у круг, око паса, у сваку ставио по бомбу, ма уколико се негде спотакне, нама бомбардовање одозго не треба. Кад потпуковник почне да експлодира трајаће то најмање два сата. Јер она стара униформа, а у сваки џеп је завукао по некакав експлозив, па заједно са оним опасачем и фишеклијама, кад прође поред мене у мене кап крви није било. Каже потпуковник за сваки случај, сећа се он и другог светског рата, а ми да се покидамо кад он почне да млати.

Убедих потпуковника да пошто је он ту од војске са највећим чином, да око његовог кревета направимо заштиту са врећема од песка, од патоса па до плафона, да му се у случају бомбардовања што не деси, не дај боже, јер шта ће онда војска без команданта. Прогута то потпуковник.

Напрвисмо му бункер у сред собе. Плашио сам се да се не спотакне ноћу, кад излази да пиша, један жив не би изашао, било би као да је експлодирао магацин муниције. Мајора Томића сам морао да враћам у живот – три пута се сирома давио од смеха док је пролазио кроз спаваону и гледао онај бункер, оно чудо, кроз који је потпуковник морао да се увлачи пљоштимице, онако на кант што би зидари рекли.

Кад год је потпуковник ишао да сере то је била опасност као пред бомбардовање. Предложио сам био, но ме молио мајор Томић да то не радим, брука је каже, да пред свако срање потпуковника, оном ма-

лом сиреном за узбуне што се врти руком, најавимо опасност од **напада са копна**.

Са мајором Томићем се договорим да они и даље раде свој посао као и до тада, док ја обилазим терен.

Када се појавим са мојим људима на било ком делу територије коју ми контролишемо, а на њој се налазе његови људи, сви су дужни да слушају моју команду. То је важило и за покретне и непокретне пунктове полиције и војске којих није било мало у том времену, на тој територији.

Колико имаш ухапшених, почех мало да га испитујем. Ни једног стидљиво ми одговара мајор Томић, још нисмо имали директног контакта са шиптарима, правда се мученик и гледа у мене. А ја као сваки пуковник.

Ову причу настављамо за два-три дана кажем ја и курчим се као да сам сигуран да ћу ја имати ухапшених.

Поспавасмо, могли су нас понети са креветима да није било оних војника који нас ту чуваху.

Узмем ја мојих пар момака у цик зоре и полако у обилазак језера и околине. Одрли смо се од шипчења пешке кроз оне гудуре. Али и други дан прође, а нема ништа интересантно за мене.

Поче да ме обузима страх да не пропадне моја мисија помагања у одбрани српске земље Косова и Метохије, а и да не пропадне онај завет дат на мајчином гробу. Али стари сам ја лисац, научили ме стари оперативци и да мислим као они, а не само да радим, па почех да обилазим и онај терен који ми је био близу језера, иако ми је мајор Томић рекао да је око језера све чисто.

МОЖДА

Викендице

Док сам тражио неки жбун који би требало да ми одглуми клоњу, трећег дана мог боравка на том терену, приметим неке мале викендице које се налазе на страни језера која је била одмах поред магистралног пута Косовска Митровица–Рожаје.

Обавим ја оно због чега сам се и спустио, а одмах потом да видим те викендице. Сетих се шта раде крим-техничари када траже трагове извешиоца који је у бекству.

Земљани пут који води до викендице, блатњав, али се не виде трагови да је неко пролазио. Шетам ја тако, кад на неких 150–200 метара од викендице видим жбун који улази у воду. Ништа необично рекли би сви, али не и ја. Мало боље загледам, кад оно свеже сломљене две-три гране. Гледа ме онај мој лала и вероватно размишља јесам ли полудио. Опет вршим неку моју истрагу.

Држи ову пушку, кажем лали и он је прихвати. Е, сад ја од оног великог жбуна, па све до викендице покушавам да дођем газећи са жбуна на жбун, мимо пута. Видим и то је могуће, стигох до викендице, а нисам ни такао онај уски земљани путић. Идемо даље, помислих. можда се нешто и деси. Погледам

праг прљав, прашњав, али без знакова да неко гази по њему, али зато квака чиста као да је неко сваки дан гланца. За мене доста да организујем заседу.

Следећи радни дан за мене и одабрану групу почиње одмах после вечере. Остатак људи распоредим да од 03 h ујутро контролишу магистрални пут Косовска Митровица–Рожаје, на делу који припада Косову и Метохији.

Све што се креће мора да буде заустављено и преконтролисано, вичем ја не би ли они схватили што озбиљније ово што радимо. Свима прилазите озбиљно, је л јасно. Док не сване, учио сам их, батеријску лампу спустите упаљену под углом на сред пута, па кад возило стане а ви онда по договору. А не да батеријском лампом заустављате као да су маневри, побиће вас неко, последње упозорење и ја крећем. Мајор Томић ме упозорава да са друге стране брда ноћу отварају ватру на све што се креће и да водимо рачуна. Само сам га погледао и покрет.

Све што може да да било какав одсјај замаскирасмо, па полако на позицију коју смо одабрали у току дана, са које се добро види онај жбун са сломљеним гранчицама.

Развукоше лале шаторско крило као да су поред Тисе на викенд. Поседасмо, па чекај брате, то је једино преостало. Прошло је више од четири сата, а нема ништа да ме обрадује, нико жив. Посмрзаваћемо се, помислих, али ћутим и молим бога. Много пута сам тако чекао са Милићем Пешић потпуковником МУП-а док смо чекали да наиђу трговци – шверцери дроге, па ћу некако издржати, соколим ја себе. Сетих се мог покојног друга и великог пријатеља моје куће

МОЖДА

Мића Дукића који је као узречицу користио „смирен – спашен".

У том мом размишљању чу се као да је неко бацио камен у воду.

Само се погледасмо и тајац. Не прође много времена кад са друге стране стиже мали, дрвени чамац на весла. Назиру се силуете људи, али ништа више.

Шапуће ми један лала „Да их оплевимо, шефе?" Само сам га погледао и све му је било јасно. Знам ја шиптаре, имају они времена још за једну туру. А и знам то да када прелазе језеро сви имају оружје у чамац.

Нисам будала да ризикујем, чекам ја да се чамац врати, вратиће и оружје кад их смести у викендицу, не смеју они да ризикују да буду ухваћени са оружјем. Шиптари су то, познајем их. Лукави ко мајмуни. Тако и би. Са жбуна на жбун као лисице њих неколико се увуче у ону викендицу. Да не верујеш, ништа се не чује.

Иду шиптари нежно као да су стигли са сунета. Онај чамџија се одма врати назад. Негде до пред зору чекасмо кад оно поново, исти чамац, иста маршрута, а ми посмрзавали као пингвини. Да ли вуче она вода или који је ђаво, али хладно ко у замрзивачу, да човек не поверује.

Опет са жбуна на жбун њих неколико се увуче у ону викендицу. Ама ни да кине неки, пичка им матерна мајмунска. Одлично је, помислих. Испунићу задатак, радујем се као мало дете. Чекам да се врати онај чамџија, јер смем у живот да се кладим да је чамац пун оружја које они не смеју на ову страну да избацују.

Али не говорим ја то мојим лалошима, да се не опусте. Ипак, знам да шиптари могу да те изненаде кад се најмање надаш. Оде онај чамац, а са њим и моје бриге, сигуран сам. Пошаљем једног малог по појачање: кажи мајору Томићу да ми спусти два пинц-гауера са војном полицијом за не дај боже, курчећи се наредих као прави пуковник. По старом, добром обичају, пред зору упад.

По свим правилима у таквим условима са оним што сам научио као оперативац службе успешно одглумим САЈ и упаднем у викендицу.

Унутра да умреш од смеха. Шиптари полегали, све један другоме ноге под нос, тако их ваљда лакше хвата сан, опије их она арома. А моји лалоши, ваљда да се покажу, нагрдише их, хоће да их оставе без живота од батина. Једног шиптара покушавају истовремено да изведу и кроз врата и кроз прозору. Двојица вуку ка вратима, а двојица ка прозору. Смешно да умреш, у шиптара скоро три метра растргоше га. Подсети ме на неког кошаркаша Фадиља Зеколи, е он је имао преко 228 цм. Кад би долазио из Вучитрна он је скоро лежао у аутобус. Е, толики беше и овај што га ови моји растргоше.

Викнем ја, испалим пар метака и прекинем тај циркус. Шиптари паметни, мирнији од ових мојих. Руке на главу и напоље.

Слушају шиптари као дресирани пси, ништа те не разумију, али наредбу извршавају. Нису излазили као што су ушли онако герилски, већ онако какви и бијаху – као смрадови и пичке. По мојој процени тешке вуцибатине, лоповчине, ништа роба. Иду они и труде се да глуме чуђење, шта им се то десило, а ни они ни моји лалоши не знају шта чека шиптаре.

Јебала им се мајка само док стигнемо, радујем се ја. Одрађу их да би се боље упознали, само ако видим да су они оно што се надам. Поведем господу до импровизованог затвора (једна обаљена бандера преко неке гомиле шљунка) дубоко у шуми. Вежи их, наређује пуковник Никић. Донесоше ми једно парче клупе на коју седох, да их мало боље видим. Већ сванyло, они су по њиховом плану већ требали да буду у Ражаје. Гледам их – имају између 25 и 55 година, домаћини људи. Ни један нема нормалну фацу, Ломброз би умро од страха да их види. Најбоље лажу они стари, знам их ја.

Покушавам да причам нормално, да их приволим на сарадњу, али не иде, шиптари су то, мора све по реду. Не знају српски и крај. Не знају мученици да говорим одлично шиптарски.

Људи, кажем, сада стиже екипа да вам узме парафинске рукавице, боље вам је да ми сами признате ко је пуцао и нема батина, него да ми то исто признате, али уз дебеле батине. Ма не јебу ме колико да ништа нисам рекао. Кад један стари ће. Мене ми није ладно, ја никад не обучем рукавице фала лепо што секираш за нас. Ни ти не знаш шта је парафинска рукавица, питам тог старог што по мало зна српски. Ћути он као коњ и гледа ме. Добро, кажем. Сада ћу једног по једног да прикључим на полиграф – српски, па ћемо да видимо ко лаже, а ко говори истину. Кад сам споменуо полиграф, они само што не запеваше, а не знају шта их чека.

Узми секиру, наређујем једном од мојих, ону ватрогасну, та ти је најближа и одсеци једно дрво дебљине дршке од лопата, учим лалу.

Отрча лала и као за награду донесе оно што сам замислио, прави полиграф. Ово је ратни полиграф, показујем ја шиптарима и објашњавам им да га још нико није зајебао.

Гледају они онај полуокрашћени колац, нема више осмеха, тужни они, замало да ме разжалосте. Све један другом нешто очима показују. На чистом шиптарском кажем (куш укон бург) ко је био у затвор, питам их. Јавише се двојица. Одлично, помислих, ту не могу да оманем. Доведоше ми првога, а ја оним колцем, само што сам га прикључио на полиграф, а он на чистом српском језику каже: Стани све ћу да ти кажем.

Ја сам пуцао, само кад сам крао говеда комшијама-Србима, да их уплашим, нисам убио никога. Добар комшија и то је нешто. Шта значи добар полиграф, знам да лаже, али довољно ми је да га нисам тукао џабе, ко зна шта би ми још признао да сам имао времена. А и плашим се да не тресне нека бомба из ваздуха, па да они око бандере преживе, а ми изгинемо.

На крају полиграфског тестирања резултати зачуђујући, сви су пуцали, али само да плаше Србе док их пљачкају, али нису никога убили. А они мртви Срби и Црногорци, ко њих уби, мислим се и гледам ђубре љуцко, шљам и фукара, какви шиптари, каква њихова беса, говна су то обична, верују ми брате мој.

Замолим их ја само да ми отпевају песму: Слободане наше росно цвеће. Кад они из мозга. Истрча мајор Томић и виче шта је то, ко то пева, јер престало бомбардовање, па се веселите, пита он. Ма дођи да видиш. Кад је видео искидао се од смеха. Ма нећу бре више да се мучим, идем да спавам, савест ми је чиста, нисам ухапсио невине људе и то ми је најважније.

МОЖДА

Кад ето ти чуда, сви се они позивају да су сарадници неких наших служби. Лажу, знам ја. Упамтио сам само једног који се позивао на неког мајора војске из Приштине „Дашића".

Пролазе тако ратни дани, нема фронта, али има пуцњаве, нема офанзиве као у ратним филмовима, али има напада, нема правог рата, али нема ни правог мира. На том терену нема више бекства за Црну Гору уз помоћ чамца и викендице. Оно због чега сам дошао то сам и обавио, бодрим ја себе. Кад нас само бомбардује НАТО то смо бележили као мирне дане иако се и тада гинуло.

Скоро свакога дана заробим по некога ко ми уз помоћ полиграфа или без њега призна да је пуцао. Број ухапшених се пење на 64. Немам шта да им дам да једу, јебо им пас матер, морам или да их пуштам, или да их даље прослеђујем, мени више не требају. Имам њихова признања која ми дају за право да сумњам да су и убијали, јер поред ловповлука које им је главно занимање и у миру, они су и убијали Србе и Црногорце то зна цео свет.

У обилазак долази командант корпуса Груица Давидовић својим јединицама распоређеним на делу територије Косова и Метохије. Обилази и нас. Ја му предајем рапорт и у даљем разговору питам га шта да радим са заробљеним шиптарима. Све ти одлучујеш, каже он. Сетих се речи мога оца Велише који је цео свој радни век провео радећи као полицајац. „Никад немој човеку одузети живот ако он твој не угрожава", ма шта радио у животу.

Свакога појединачно сам испроверавао колико је у тим условима то било могуће. Некима дозвољавам да иду одакле су дошли, а остале упућујем према

97

Косовској Митровици, па шта им бог да. Они су тражили да НАТО бомбардује, па нека они и дочекују те бомбе, а не само ми Срби и Црногорци.

Славко у униформи УЂК

Весељ и Фаик

Остављам само двојицу мени интересантних до сада. Али њих нисам заробио ни у борби ни у покушају бекства преко језера, па за Црну Гору.

Њих сам пресрео у покушају бекства за Црну Гору са два аутомобила и са члановима својих породица. Њих остављам на даљи рад.

Фаик Морина у личној карти Марина.

Весељ Џонбаљај у личној карти Веско Џомбалић, иначе радник РДБ у Приштини. Они су ми интересантни јер их познајем дуже од 30 година. Весељ је дуго био возач Нуредина Ибиши, чувеног терористу.

А сви други назад одакле су дошли, јер ако нису интересантни команданту корпуса Груици Давидовић нису ни мени. Да се не бих огрешио према оном војнику, или **можда** неком од погинулих Срба и Црногораца, као што рекох, ја њих све назад на Косово и Метохију, јер су ми признали, брате да су употребљавали оружје, а ја њима верујем.

Сетих се у једном моменту оног стручњака Доминик Југослава Петрушића. Поредим датуме које је он спомињао и датум када сам требао да одем на курс. Дођем тако до закључка да је он знао тачан да-

тум почетка бомбардовања. Делује блесаво, али све би тачно што је рекао.

Приликом заробљавања Фаик Морина покушава да ме подмити и пита колико кошта да их ослободим. **Можда**, помислих ја (опет оно опомињуће **можда**), ма **можда** други то и наплаћују, али ја нисам **можда** ратник, а **можда** проститутка, па да наплаћујем услуге, ја сам дошао да поштено одрадим овај посао.

Кроз главу прелећу мисли једна, за другом, мајчин гроб, онај јадни војник из Чолиног аута, опомена генерала Ратка Младића и мито не прође. Кад то виде Весељ Џонбаљај он извади легитимацију службе Ресора државне безбедности и моли за ослобађање. Још они не знају да се ми добро познајемо, јер преко мог лица је маска.

Одлучујем да скинем маску, јер мито није прошао, а злочине нисам правио нити то планирам да радим. То што умлатим по кога ко ми призна да је до јуче користио неко оружје, па то сам радио и раније док ме је служба ангажовала, па ми нико не замери.

Не могу да им дајем одликовања за фукарлуке, то не предвиђа наш Устав. Знао сам да од мојих људи нико није смео да им тражи ни цигару, а не нешто друго, јер сам им за лоповлук у старту обећао метак. Знају лале да ја нећу да их преварим.

Скидам маску и кад ме препознао Весељ (то се догађало приликом хапшења њих двојице) скочи од радости да се поздрави самном. Изљубим се ја се Весељем, али му одмах после љубљења наредих: руке горе и мрдни, мртав си. Јасно, викнем ја. Уозбиљи се Весељ Џонбаљај и не прође њему ни блеф – љубљења. Претресем га и код њега нађем две бомбе и пиштољ са 15 метака.

Лишавам их слободе и одведем и сада ту су где су, у шуми – па одмах одлучих да њихове породице збринем како доликује српском војнику. Сетих се речи генерала Младића, а и заклетве на мајчином гробу. Деци дам неке сокове, а мојим људима кажем да нико не сме да приђе возилима у којима су они. Могу само да им омогуће да оду до WC-а по потреби и ништа друго.

Тако и би. Фаик Морина је важио за човека блиског УДБ-и, па одлучих да га поведем до најближег одељења Ресора државне безбедности у Новом Пазару. На челу тог одељења је био неки Чорбић. Предам му ја Фаика на даљи рад. Па нека му да орден, а ја се враћам на терен. За оно време док сам Фаика испитивао он покушава да ме омекша. У вези начелника РДБ Приштине Мишка Лаковића поче да млати нешто, исповеда се Фаик Морина.

Ти знаш, наставља он, да је Мишко стално седео код Бата Николића у хотелу Парк. Знам, подржах га не би ли лануо Фаик још коју. Па Мишко тамо није плаћао ништа, јер ја сам дао Бату Николићу паре да отвори тај хотел. Сви су мислили да му је Себајдин дао паре, али није, кунем се, све сам му ја дао, покушава Фаик да ме омекша. И даље ћутим, а он само лаје.

Зорану Драговићу сам ја купио онај волво који је убрзо сломио. Молим те немој да ме убијеш, то су и твоји другови, каже Фаик, не знајући да ми напамет није пало да га убијем. Је ли, тихим гласом почињем, што лажеш, мајку ти јебем арнаутску. Зорана Драговића и нисам знао тако добро, па не знам колико је то тачно око тих кола, мада и то не верујем. Али за Мишка Лаковића лажеш ђубре шиптарско, па онако нервозан умлатим га као кувар јаје. Плаче Фаик и гледа. А ја још љући, а што не споменеш да сте ти и Бато Николић доводили на превару Српкиње из централне Србије и Војводине као и православне Рускиње и продавали их оним твојим слинавим шиптарима да их јебу на силу, па опет по њему. Што то не кажеш, говно једно, ма какав хотел Парк, никад оно није био хотел. Ти, кажем, и Бато Николић сте држали обичан бурдељ, куплерај, мучилиште за те јадне девојке и онда по Фаику док није било доста.

После тога предат је Чорбићу, а ствари даље иду на чудан начин. Враћам се и настављам даљи рад, као прави пуковник, али сада много опуштенији, јер оно због чега сам дошао је одрађено. Обрукао се нисам, бордим себе и по мало се курчим.

Поново узимам пар људи, опрему за осматрање и у обилазак терена. Пуковник Никић и његови лалоши.

Сада бих мало шири регион око језера да осматрам, јер више у мојој близини нема ништа интересантно. Обилазим ја мало шире подручје, мало је ово за нас, курчим се ја. Људима које сам упутио у одређене правце у обилазак терена дајем упозорење које гласи: нејач не сме бити угрожена, а све што им личи на иоле озбиљне криминалце, бандите, да их само лоцирају и јаве ми.

Фаик Морину и Весеља Џонбаљај и њихове породице ослобађам, јер сам добио позитиван сигнал из РДБ-а Нови Пазар. Обезбеђујем им несметан одлазак за Црну Гору. На пункту полиције Мехов Крш се поздрављамо и они ми се, са сузама у очима, захваљују што им децу и жене нико није дирао. У знак захвал-

ности ми обећавају џип пајеро и помињу неке суме пара које ја никад нисам видео у животу.

На то сам се само насмејао, јер знам ја шиптаре какви су, лажу они кад зину. Они су добри и поштени само када немају друге могућности. Не плаше се они бога ни када им неко живот спаси и њима и њиховој деци, а они пљуну на то.

Е то су ти шиптари, чувени борци УЋК-е. Питам се само колико је српске деце и жена преживело заробљавање од стране неке УЋК-е, неке кобајаги војске, која је правила стварне злочине.

Па ни једно, јасно је. Јер какав народ таква им је и војска, смрдљива, безкарактерна, бандитска, то су шиптари. Али ја имам право све осим да себе и српску војску поредим са том фукаром. Е, то немам право и нећу. Опет кроз главу пролећу мисли: речи генерала Ратка Младића, заклетва на мајчином гробу, а онај војник – шта би рекао он, који оста да лежи са својих 20 година живота у Лебану поред Приштине.

Шта би ми он рекао кад бих примио неки поклон од оних који га убише. Војника, стопера, а не на фронту, жалосно и тужно.

Славко Никић – Цаки

Прилог бр. 3
Образац СбСл-54 Р

ВОЈНА ПОШТА
Број __1407__
___ Број __358-1__
Датум __28.04.99__
Место __Рашка__

Претходно издате
листе у току месеца
број ___— 11 —___

ПУТНИ - РАДНИ ЛИСТ

У времену од __28.04.__ до __30.04.__ 19__99__ године

__RENAULT 5__

Марка и тип возила - средства

Рег. број __BG-479-607__ ознака _____

Број мотора __C042104249__
Број шасије __VF1C4040500931903__
Оруђа на возилу _____

Саобраћајни референт (помоћник К-данта за позадину)

МОЖДА

Џемпер

Не знам зашто, али док смо се приближавали подручју на ком су ме ословљавали са „главнокомандујући" сетих се како је моја мајка „Коса" плела људима џемпере и чувала комшијску и кумовску децу, јер од једне полицијске плате нисмо могли да преживимо. Сиротиња, брате мој. Сећам се, једном је погрешила меру јадница за неки џемпер који је плела неком Лалету возачу Хитне помоћи. Саплела мањи него што је требало. Сви су се тада нервирали, једино сам ја био срећан. Џемпер припаде мени. Једино је мени био таман.

Стигосмо ми на нашу радну територију. Заузмем неку нову позицију и као покојни Саво Ковачевић двоглед у руке па поново пуковник Никић – оперативац службе на задатку. Сада смо мало дубље према положајима шиптарских банди.

Не би било лоше да мало починем, одморим, јер ово је темпо лудачки. Не може душа да издржи. Али о томе не одлучујем ја, о томе одлучује овај горе, ма бог брате, а не онај авион који баца бомбе. Они што бацају бомбе, они јадни, само мисле да су богови. Али бог је само један, а они су ђаволи који раде то што раде. Па и о томе када ћу се ја одморити одлучује бог, а шта ћу радити у ратним условима, па то не знам.

Мало нас бију одозго, мало нас шиптари бију са земље, али ваљда је то судбина Срба кроз векове, па и моја. Пролази време. Као у сваком рату, па и у овом заробљавају се брате и они који припадају твом народу, ако их ухватим да раде за другу страну.

И они су пролазили полиграфско тестирање, само мало жешће, они су ми били одвратнији од шиптара. Било је ту и Срба који су покушавали да пребаце и оне шиптаре за које су знали да су починили злочине. За паре брате – да не верујеш. Е један такав ми је сломио полиграф – онај ратни, српски, грабов. Шта скот може да издржи.

Пао је у моје руке и неки председник општине Црногорац са Косова, па полицајац који покушава да пребаци два Арнаута за Црну Гору. У моје руке су у то време били многи, али сам се трудио, колико сам могао да не погрешим негде. Да не дај боже не омлатим неког невиног, па био он шиптар или Србин, није то важно.

Ја морам увек да се сећам речи генерала Младића, заклетве на мајчином гробу, а и оног мучног војника који погибе у возилу које је мени носило оружје. Ако се било где огрешим ја сам све то погазио, пљунуо, обезвредио моју добру намеру, да као Црногорац родом са Косова и Метохије, оперативац службе за коју сам радио 20 година, покажем да сам и ја Србин-патриота.

Али нисам дозвољавао ни да ме фукара шиптарска и њихове слуге из редова Срба и Црногораца као што је Бато Николић из Приштине преваре и прођу некажњено поред мене. Било је ту Срба војно способних које сам пуштао да иду за Црну Гору, али сам их подсећао да када нејач оставе морају да се вра-

те на Косово и Метохију да их ја не бих тражио по Црној Гори, јер сам свима узимао податке, пропуста није било.

Сећам се неког, мислим да се звао Драган. Радио је у полицији у Приштини. Мислим да је био инспектор за странце. Човек изузетно ниског раста, носио је наочаре. Деловао је онако тихо и смирено. Е, само се сећам њега, да се истог дана вратио и јавио ми се. Е, то је Србин, а не они што су спавали по шталама по Црној Гори и Централној Србији само да им се не дај боже шта не деси. Да им се случајно лоза не прекине. Јер гамад се најбрже размножава, из тог разлога, од исте врсте страха, од нестанка.

Сећам се тако зауставили моји лалоши неко путничко возило. Возач моли, преклиње, вришти да га пусте. Србин, чујем ја онако из даљине. Али и ови моји се ускурчили, сада би и лале мало да заводе ред. Па ти си Србин, каже му један од лала, па ти бежиш, а ја да ти чувам кућу, је ли пичко, каже му један од ових мојих.

Приђем ја, кад оно мој друг из Косова Поља, неки Кале. Ја онако са маском на лицу наређујем да га изведу из возила, кад погледам на задње седиште нека деца. Чија су ово деца, викнем ја. Вељка Одаловића, каже мучни Кале, плачним гласом. Где је Вељко, ја још јаче. А он се куне, па знаш ти ко је он, ћутим ја.

Он је бре онај познати политичар, Милошевићев човек, вришти Кале. Ма не интересује ме ко је него где је, чујеш ли ти мене, викнух поново. Па остао је на Косову и Метохији, није побегао, брани Кале Вељка. Он је мене послао да му децу поведем до Црне Горе, а ја се одмах враћам.

Поведем га ја иза једног малог брега поред пута. Тресе се Кале, шта ће, није ни чудо, рат је, зна Кале да је све могуће. Ја у руци држим пушку, а он ништа. Деца у возилу, а око возила људи у униформама, без икаквих ознака, обележја. Скидам маску са лица и смејем се.

А Кале ће ко из топа, али још увек плачним гласом: па што ме муче ови твоји, мајку им јебем, што ме не пусте да идем. Изљубисмо се ту Кале и ја. Обезбедих и њему безбедан пролаз преко моје територије. И сав поносан и са осмехом на лицу оде Кале за Црну Гору, а и она деца се насмејаше, виде и она да је све у реду.

Деца у рату су паметнија и више знају од одраслих. Деца се не фолирају, реагују спонтано. Једино су то поштене душе, ма чија да су. Деца немају нацију. Деца су измислила љуљашку и клацкалицу, па један горе, други доле и сви срећни, а одрасли оће увек да су горе. Одрасли су измислили нацију и остала чуда око којих се кољу.

Детету је доста једно бицикло и то да му га тата купи и оно је срећно. А одрасли, поготово у рату украду и по 100 возила, па им је мало. Пролази време, ја пратим ситуацију. Нема више оног чамца ни чамције, викендица више не служи као прихватилиште за терористе и остале лоповске банде шиптара са Косова и Метохије. Још увек нисам презадовољан и ако сам поштено одрадио оно због чега сам и дошао. Треба ми акција. Није ово **можда**, ово је истина. Зна Милић Пешић који ми је постао кум после рата, да сам ја такав. Стотине акција смо заједно урадили.

Шума у ширем подручју чиста? Стазе већ зарасле, нико их не гази.

Камион

Враћам филм и ето ти разлога за размишљање. Приметио сам да у задња два дана неки мањи камион пролази ујутру из правца Косовске Митровице и иде према Рожају. Чини ми се да је то она застава 640 стара – кабина бела, а остало рђа.

Је ли неко контролисао онај бели камион, питам ја док смо вечерали. Онај бели, што ујутро вози оне бабе за Рожаје, поче да ми развлачи неки лала којег сам једва и познавао. Не курчи се молим те, па тај један, једини који иде овуда, нема их стотину, наљути ме мало мој лала. Ја сам га контролисао, каже полако лала.

Он вози неке бабе у џамију у Рожаје. Не знам да ли бабе иду у џамију, али слушам шта ће даље овај мој стручњак и ћутим. Кад ти скочи човек из вечерње смене. Шефе не вози он бабе за Рожаје, него из Рожаја, ја сам га контролисао ноћас – баш, курчи се овај. Замало се не побише око баба, као да је много важно. Прекинем ту препирку и направим план за даљи рад, за сутра.

Не знају моји лалоши како су шиптари лукави и покварени, не знају они да су за време демонстрација избацивали децу испред себе да их милиција не

бије. Није њима жао ни своју децу, а не неке тамо бабе. Али зато сам ја ту, пуковник Славко Никић, ваљда пуковник, видећемо. Ја контролишем бели камион и те бабе, а ви остали на своје редовне задатке, ускурчих се ја још једном. Је ли неко контролисао бабе, опет их чачкам. Та ми не знамо шиптарски, а оне не знају српски и то ти је то, одговори један главоња који је вазда нешто жвакао и гутао.

Свану нови дан, поједосмо по неку конзерву која је пакована чини ми се још у камено доба. А ја: пуковник, оперативац, ратник, више ни сам не знам ко сам, опет на почетак мог оперативног рада.

Али сада предмет интересовања је бели камион, а не викендица. Нас тројица смо стали иза једне кривине, поставили импровизоване препреке – камење које не може да се заобиђе без стајања и чекања. Чекамо камион. Осећам да ће бити нешто.

Опет ми се појави оно **можда** које ми понекад смета, а понекад не. **Можда** сам ја само превише сумњичав и у том камиону нема ништа, размишљам док чекамо, па онда опет, али друго **можда**, а **можда** и има, дајем гас себи као да ћу у камион ухватити Агима Чеку, а не неког шиптара који је пуцао само док је крао Србима говеда. Полако, смирујем себе, биће само онако како је бог рекао.

Ево га, викну један од мојих и даде врло интелигентан и промишљен предлог. Та шефе да ја укокам возача одмах. Слатко сам се насмејао, не сери магарчино, него заузми добру позицију иза тог жбуна да те возач не види док му прилазим. Поцрвенеше уши лали, али послуша, нема друге ако хоће да се сви врате кући.

Стаде возач. Већ спремио кесу са неким неполитанкама смрдљивим и соковима за ове моје мајмуне, јер им је и јуче то исто дао (сазнао сам касније), али мајмуни ми нису рекли. Па сам морао због тога увече и једнога од њих да прикључим на један мањи полиграф, за собну употребу.

Кад га подигнем да не огребе плафон. То је био онај што је увек нешто жвакао. Наполитанке су биле.

„Ждрип пошт", вриснем ја онако право шиптарски, што значи сиђи доле. Без речи је сишао господин возач. Шта имаш позади осим оних баба, питам га. Види шипо да је ђаво однео шалу. Не знам ја, поче он мени, само газда ујутру да кључеве од камиона и каже вози ове бабе у ђамију у Рожаје и увеће их врати.

Па иду ли жене у џамију, питам га ја. Он ћути и гледа ме као теле. Озбиљности ради залепим му једну шаку и викнем отварај то позади. Устаде брзо, јер је опомена била добра, па је био легао поред камиона. Али не љути се шипо на мене, зна он ред, скаче на ноге лагане и отвори ону цераду.

Примакнем се, кад ме запухну неки смрад, давим се. Назад, црни Славко, угуши се, опомињем ја себе. Веруј брате септичка јама је парфимерија у односу на тај смрад. Боли нос. А оно видим неке бабе. За које би вероватно њихова фамилија платила да их сместиш у неки старачки дом, али у Аустралији, ако је могуће, да се никад не врате. Седе оне на неке сунђере, да умреш од јада и гада ако се примакнеш. Око њих јоргани, чаршави, капути, камара од неких ћебади. Кијамет. Ма бувљак је зајебанција за то што беше

111

побацано око тих баба. Како сте, јесте ли уморне, почех ја, као сваки српски војник. Јесте ли гладне, жедне, питам као да их волим. Да случајно која није болесна, не дај боже, као секирам се ја за њих, али шта ћу нејач је то, опомињем ја себе.

А оне срећне што сам фин, па се захваљују, благосиљају. Плаче им се на помисао да ће морати да се растану самном. Такав сам ти ја, брзо ме човек заволи. Али кад сам их замолио да сиђу са возила, јер возило морам да мобилишем за потребе одбране од агресије Нато-пакта. Детаљно бабама објашњавам, као да оне ишта знају о томе. А оне зуба у главу ни једна, како се која раскеси, а оно само језик млати и ништа друго.

Куку мене, помислих, где ми је мој Бањо (тако сам звао мог друга Бранка Михајловића, иначе зубара) да им направи зубе. То је посао за њега. Свакој је фалило најмање по 50 зуба, помислих, јер толику шупљину не може да попуни 30 комада, размишљам као стручњак – **можда и стоматолог**.

Пола би Приштине гутало без жвакања да Бањо не дође из Витомирице. Није био гладан човек, никога није питао за паре иако је радио приватно. Битно му је било да ти зубе направи, па ако је он задовољан само те тапне по рамену, а ти имао пара, немао пара, зубе доби. Е, такав је то зубар, Бањо.

Наста лелек, хаос у глас куну Америку и Била Клинтона. Види, види, ја помислио да бабе не знају ништа. Врисак такав какав ја никад нисам чуо, као да их је стотину. Ма као да смо на гробље. Кукњава на камион. Шта ћу сад, помислих, испаметише ме, али приметим да ни једној не иду сузе. Оперативац сам ја стари. Лажу, помислим.

МОЖДА

Кула

Испалим пар метака у ваздух и бабе прекидоше као на трупину. Доле сви, раздрах се. Видим ја бабе се припремају, везују шамије (мараме), море дођерују се бабе, брате мој. Нису баш много потрешене, а ни старе као што је то на први поглед изгледало.

Погледам ја, кад ови моји већ везали оног шофера и сели га мучног на неки бодљикави жбун и смију се. Та шшшефе да нам не смета ту му је фино. Опет ме насмејаше моји лалоши. Сиђоше бабе, повучем ја оне сунђере, кад испод њих, четири човека средњих година, али видим добро обучени, спремљени за дуг пут. Не мрдају они као да нису живи. Ови моји кад то видеше као пит-булови.

У стотом делу секунде скидоше господу. Е то су ти шиптари кукавице, после терористичких активности бабама под димије. Ето ти њихова храброст и понос кажем вам ја. Бабе наредих ја, поново на камион, брзо, раздерем се добро. А оне, ма какви специјалци, све једна преко друге прескачу оне канате од зајебанције. Е то су прави специјалци, помислих и окренух се према возачу.

Ови моји већ везали ону четворицу и чекају шта даље. Ако је икога говно и смрад спасило то је био тај возач, који се беше у међувремену унередио, усрао се брате, за пример, ма и упишао видим кад га дигоше. Вози ове бабе тамо где си кренуо, у Рожаје и слободно са њима можеш и да се вратиш, овде те нико више никад неће дирати, тешим оног мучног шофера и гледам га. Па морадох да му кажем ко га је спасио хапшења.

Слушај, магарче, да не смрдиш толико, и оне бабе, и они сунђери да не смрде толико и тебе би ухап-

МОЖДА

сио, јебем ти матер лажљиву. Говнету из гаћа да се захвалиш што идеш, иначе и ти би вечерас био прикључен на полиграф.

Онако улепљен седе он за волан и пуним гасом. Јебо је мајку оним бабама по оним кривинама до Рожаја. Сломио их је живе, мислим да су се до Рожаја све усрале. И као што сам и претпоставио, камион са бабама се више није појављивао. Остадоше мени још четири хероја УЋК-е које сам ухватио испод бабиних димија.

Увече опет све исто, сви признадоше да су пуцали, само када су крали комшијама говеда, никога нису убили и све исто. Ма исте су они и курсеве прошли, исто они мрзе Србију, исти су сви они.

Приликом полиграфског тестирања један од њих ми показује неку значку и легитимацију ватрогасца, али му је то мало помогло, верују ми, брзо се у то уверио. То само он зна.

Слободан дан за ватрогасца на дан бомбардовања. Дао му шеф, каже. И њих сам после свеобухватног полиграфског тестирања вратио на Косово и Метохију. Ови њихови одозго сваки дан све јаче бомбардују, па нека се бар заједно и веселе. А командант ужичког корпуса ни за њих није био заинтересован, а они нису пружали отпор приликом хапшења, па немам ни потребе да мењам тактику.

Ма од мене ни Груица Давидовић, а ни Ђорђе Керић нису тражили да убијем икога него да зауставим то бежање за Црну Гору, али само војника УЋК-е, преко те територије. То сам и урадио, а испоштовао очеву препоруку да никад, никоме не узмем живот уколико он мој не угрожава, препоруку генерала

115

Младића, заклетву на мајчином гробу, онај војник ми све пролази кроз главу, ја задовољан, а и показао сам мојој држави да ја на њу нисам заборавио и онда кад она на мене јесте.

Не љутим се ја ни на кога, срећан сам што ми ови дани нису прошли негде у некој штали као појединцима које сам знао, а чији су очеви били и генерали војске, полиције, политичари, приватни бизнисмени.

Славко у Призрену, 1998.

Шума

Патролирајући кроз оне шумарке и она брда приметих да се једна група креће из правца бране у правцу Рожаја. Почео сам да их пратим када сам био негде између бране и половине језера Газиводе. Пратио сам их дуго, сваки је имао по секиру, и ништа друго да се види. Бејаху обучени као да су покрали продавницу. Гледао сам их како једу и затрпавају остатке амбалаже, јер су и њу јели.

Гледали они оне филмове, па се уживели у улогу правих рамбо-ратника. А то бејаше буљук ловчина и кокошара како ће се испоставити, који су били ударна песница УЋК-е. Кренули да мало ојду за Црну Гору, јер постаде мало вруће за **можда**-ратнике. Дошло време да могу да се снађу само прави ратници. Е то не бијаху они, па су зато одлучили да промене дестинацију. Али ја прави оперативац, пусти се ти Љубише Самарџића и Бате Живоиновића, говорим ја себи, нема пуцњаве.

Нека други пуцају, а ја ћу онако како сам научио радећи за службу 20 година. Распоредим моје лалоше да мајмуни не могу да ми побегну и јавим да се опрезност појача и одлучим да их зауставим. Морао сам да будем опрезан, јер како су били обучени могли су испод тога чуда што беше на њима, да извуку хаубице, а не аутомат. Кад ето ти чуда. Стој, викнух. А они као

по команди сваки истог секунда узе да удара секиром по најближем дрвету. Смејем се, али то су **можда-борци** чувене УЂК-е. Приђем, наредим да баце секире, руке горе, а они послушни да не верујеш. Па сви у глас. Ми вала ево крадемо дрва, па радите нам шта хоћете. Ови знају српски. Знам ја какве су руке оних који краду шуму, па ћемо и то оперативно обрадити, већ ја припремам питања. Па шта ћете на сред шуме, што не радите то на почетку, тамо вам је најближе да је одвучете до куће, учим их ја за други пут. А они као телад. Само ћуте и гледају. Е, то су ти **можда** људи и сигурно џукеле-рата, јер пси рата су другачији. Ма обичне битанге које су биле спремне мајку да продају.

Приликом детаљне и доста сажете полиграфске обраде, пошто сам им преконтролисао шаке и видео да су то шаке џепароша и лопова, јер немају ону кору по длановима као праве дрвосече, сазнадох и од њих да су и они само пуцали да уплаше Србе и то да би их отерали из својих кућа. Нормално признадоше и да су све те куће попљачкали. Код сваког нађох по пиштољ: шкорпион, ТТ, берета, било је ту свега. На моје питање шта ће им оружје одговор је био: па да нас случајно не уфати УЂК-а, па да нас присилно мобилише.

Црко сам од смеха колико су они спремни да лажу. Па пошто не волите УЂК-у кога волите, коју државу, провоцирам их мало. Па нашу војску и Србију одговарају мајмуни. И они ми отпеваше све партизанске песме. Отпеваше ми и песме о Слобоану Милошевићу које ни ја нисам знао, да су ми сузе на очи ишћерали. Можда људи, **можда** патриоте, **можда** радници УЂК-е, али пошто су по мојој процени били сигурно обични бандити и сељачки кокошари који су кратко глумили борце, после кратке терапије и они се вратише кући.

Кајмак

Сећам се неко беше донео кајмак за вечеру, па се ја добро наједем и легнем. Ја сам до војске мислио да када се свиња закоље од ње добијеш само чварке, уши, реп и папке. Али када ми отац за пут, кад кретах у војску даде једну кесу са пршутом, питам га је шта је то и од чега је. Па пршута од свиње, јеси ли ћорав, викну на мене отац док сам улазио у воз. Па ја никад то од наших свиња нисам видео, браним се. Е, није те следовало, магарче, рече он и воз тад крену у непознатом правцу са непознатом пршутом. Тако да када ми се и данас укаже прилика да нешто квалитетно поједем ту прилику не пропуштам. То је било и у случају тог кајмака.

Лепо сам спавао тих дана, ваздух или нешто друго ко зна шта, размишљам, али стварно, како легнем заспем ко јагње. Спавам ко јагње, кажем овим мојима, чиста савест, браћо, зато водите рачуна шта радите. Тако и заспасмо. Кад као за инат, те вечери сањам оног војника иако га никад нисам ни видео, који је погинуо у возилу оног Чоле који ми је носио пушку. Као он мене пита, зашто не може кући и да ли могу да му помогнем да се врати кући. Као вришти војник и из главе ми не избија реченица „Хоћу кући, пусти ме из овог твог возила, молим те!"

Плакао сам кад сам се пробудио као мало дете. Жалим војника који никад није чуо за мене. Ја за њега на жалост јесам. Никад га нисам видео, а ни сазнао његово име, а жалим га као да ми је син, не могу да верујем. Оптужујем себе. Да ја нисам звао Горана, да Горан није послао Чолу, да Чола није узео војника, он би и данас био жив, мучим ја себе.

Прекини бре, сам себе упозоравам јер ћеш и ти добит метак ако се занесеш. За смрт војника су криви они који су пуцали, размишљам не бих ли растерао ту муку од себе.

Дајем себи нови задатак. Терориста га је убио, шиптар, само они пуцају из заседе, друга војска поставља заседу само кад хоће некога да ухвати живог. Морам макар још једнога да заробим, за душу младог војника – можда је то баш убица. Јер у рату је све можда. можда преживим, а можда и погинем. можда некога заробим, а можда мене неко зароби, можда ми победимо, а можда и они. Кад погледаш све је можда. Можда ме после рата и одлукују, а можда не. Али само једно није можда.

Ова писанија моја није можда. Ово је жива истина и имена која у њој помињем нису можда имена. То су права имена људи живих и данас, надам се. Живи су и они које сам хапсио, и они којима сам командовао. И ја сам жив и зато кажем само ово што се десило није можда. А све оно што може да се деси, е то је можда, и од тога треба да се чувамо. Можда ме неко због овога и оптужи.

Све ми ово пролази кроз главу док се спремам за нови радни дан. Молим бога да у овом дану опет одрадим нешто што би мало помогло Србији, много

значило за нашу нејач, а што би значило да сам ја поштени српски војник-полицајац, исто ти је то у рату, а на слободи? Па на слободи **можда**.

Све могу да радим, али у складу са оним што од мене затражи генерал Младић (нејач не сме нико да угрожава, заклетва на мајчином гробу, а сада и молба оног војника који хоће кући. Мој сан који ме обавеза да га се сећам целог живота.

Биће нешто, надам се и молим бога само да не погрешим, да неком невином не нанесем бол. Па има доста оних који су о јаду забавили овај српски и црногорски народ на Косову и Метојихи. Пашће ми у руке макар још један, прави, који је пуцао на Србе док су бежали од бомбардовања. Тако би и овај дан био још један ратни дан, а не **можда** ратни дан, него прави.

Видим ја свануло неко лепо јутро, сунчано. Покрет, викнем са намером да имитирам покојног Аркана. Када је последњи пут био на Косову и Метохији седели смо у ресторану на Газиместану који је држао његов кум, а мој добар друг из града, Драгиша Вукчевић. То је последње што сам чуо од њега, али сам и упамтио.

Распоредим ја људе, дам неке инструкције и обавезно их опоменем.

У случају бомбардовања не бежи нигде, ни случајно испод моста, понављам ја исту причу ко зна који пут, само легнеш ту где си, па шта ти бог да. Мостове они гађају. Они су им мете, настављам.

Они су племенити, назвали су себе „Милосрдни анђео", па су ваљда имали право као надри анђели да раде оно што раде прави ђаволи, размишљам. То и

раде, али за сада је тако. Не рекох им ово задње, већ кренух са осталима на терен. Ништа сумњиво, мало се возимо, мало пешке и полако пролази дан.

Видиш оно брдо тамо, е тамо ме вози, кажем мом лали који ме вози. Он без речи пали возило и креће. Мене нико ништа не пита ја и даље причам. Лепо је оно место и са њега ћемо моћи лепо да видимо шта ради и полицијски пункт, а и војна полиција, па ћемо моћи више наших људи да пошаљемо на неке друге задатке, или нек одмарају, кажем лали.

(Старешина Јединице)

М. П.

СбСл-61

МОЖДА

Црно возило

Шумске стазе су биле моја мета за тај задатак. Из шуме ништа ново, осим што је један од мојих лалоша ухватио неко теле и води га као да се познају. Помислих мала разлика у памети, али га је ипак лала зајебо, јер лала њега води, а не обратно. Бар сам решио проблем свежег меса за неколико дана помислих. Кад ће овај мој који се не скида са дурбина, онако као дете кад се радује, каже види, види тамо на војном пункту се нешто догађа.
Шта, питам га. Па неко црно возило је заустављено и нешто машу рукама, ваљда се расправљају са војним полицајцима, каже лалош.
Колико се сећам војну полицију је водио неки млади официр родом из Црне Горе, Мојковац или Колашин, не сећам се. Изузетно тих и поштен момак.
Дај, бре, да ја видим и узмем онај двоглед. Кад оно стварно ко на пијаци машу цивили, као да оће да уплаше војну полицију. Вози ме доле, наредих ја овом мом стручњаку за наполитанке. Брже, шта милиш, жури се мени. За пар минута стигосмо. Ја са маском преко лица излазим из возила.
По раније постигнутом договору војни полицајци се повлаче два корака уназад, разговор настављам ја.

Испред мене човек крупан, педесет и нека година, по мојој процени. Брко као да је брат близнак нашег Љубивоја Ршумовића. Поред њега дечко својих 27–28 година, средње грађе, педантно обријан, а возило, неки мицубиши, путничка варијанта. На задњем седишту старији господин са неком брадицом, ако се добро сећам. Ко си ти брко, питам га ја тихим гласом, док мој возач држи уперену пушку у њега. Брко и даље, десну руку у џеп и чеше муда док разговара са српским војником чија се земља бомбардује.

Ја сам новинар, викну он јаким гласом – препаде ме бог те твој, замало скочих у заклон. Рука му и даље у џепу, игра билијар брко.

С ким се ти то брко расправљаш са руком у џепу, је ли брко, почињем ја да испитујем. Са неким војним полицајцима који не знају шта је новинар, дрско ће и доста курчевито брко.

Ма знају они шта су новинари, него имаш ли ти какву новинарску легитимацију, а и мало су узнемирени, земља им је у рату, браним ја војску. Покушавам да олабавим овог брка, као змија жабу кад се спрема да је прогута. Легитимације се у рату не носе, поче и мене да дресира брко. Мене он покушава да фолира, па то ти је да полудиш.

Али, снимио сам словеначке таблице, брко безобразан, нема новинарску легитимацију, испунио услове да отпочнем оперативну обраду. Опет ја оперативац, и у рату и у миру. Има код нас (мислећи на Приштину) обраћам се брку и покушавам да га олабавим скроз, неки шиптар звали смо га „Биљбиљ" и он је стално испод мишке носио неке новине и кад га год питаш како си биљ-биљ, он каже ево сад идем из

МОЖДА

редакције писао сам неки чланак. Ми смо сви знали да је блесав и шалили смо се на његов рачун, али он никоме није мислио зло. Него поново ја тебе питам, али сада крупним и строгим гласом, имаш ли какав папир, акредитив, како ли се то зове немам појма, да бих знао да си ти стварно неки новинар.

Раздра се Брко, прекиде ме, мој брате. Онако раскеси оне бркове, учини ми се да су дугачки 1 м, па ме подсети на мог ђеда по мајчиној линији, Мићуна Милатовића, покојнога.

Е, он је имао такве бркове. А био је љут, ја мислим да би Бин Ладен умро од страха да му Мићун подвикне. Нема шансе да се ико из фамилије шире сећа Мићуна а да се не сећа његовог шибака. Слушај, шансе ниси имао да будеш толико добар, а да те ђед Мићун не исполиграфише дебело, бар једном годишње. За мушкарце је то важило само док не оду у војску, после их није дирао. Значи и он је ценио војника. А за ђевојке док се не удају.

Полако Брко, не препадај ме, видиш умало не скочих у заклон од страха. И овако си зарадио пун кантар, што ће ти више. Брко ме гледа и ништа не разуме, а ја га полако хладим, тобож смирујем. Доста ће ти бити, верј ми, само док кренем да ти исплаћујем ту зараду. Трудим се да смирим мученика, јер он ни сањат није могао да се сме неки Србин усудити да га спречи да без икаквих докумената и папира уђе на Косово и Метохију, а камо ли да га умлати. Заједо га неки шиптар, гарантовано. У то ће се Брко уверити врло брзо, веруј ми, мој брате.

Немам, раздра се брко и хтеде још нешто да каже господин Словенац, али касно. Ударац је био

такав да је он са његових више од сто кила лежао мирно у неко блато поред пута. Видим мој шофер тресе чизме Словенцу од главу. Све маркирана роба, а он легао у блато, помислих – срамота. Полако, кажем ја, има времена. Мали дођи ти овамо, имаш ли ти какву легитимацију или какав папир за то што сте наумили да радите. Немам, све је код шефа и показује руком на брка који брише нос неким бусеном траве. Омлатим ја и малога, па и он поред шефа лежи, нешто разговара са шефом, ваљда га пита за документа, немам појма и није ме интересовало.

У међувремену су пристигли и остали моји специјалци од којих један не пушта теле ни по цену да неко пуца у њега. Оће одма мало да их испитују, али ја не дам. Ја сам оперативац, они то не знају да раде, полако смирујем ове моје стручњаке. Дај ми сад онога из возила, наредих ја. Извуче га један од мојих, а оно парче гардеробе које је ухватио кад га је извлачио оста му у шаку.

Смеје се лала којем сам касније постао кум и са оним крпама огланца чизме. Ко си ти, исто питање и за њега. Кад ето ти изненађења. Ја сам Калезић, мислим да је рекао да се зове Радомир или Радован, тако нешто. Али да је Калезић то је сигурно, то не могу да заборавим, јер смо ми имали неке кумове Калезиће.

Шта ти радиш овде и одакле си црни Калезићу. Још га не дирам. Ја сам пошао с њима да им покажем пут, а иначе сам из Подгорице, везе Калезић као навијен. Колико се сећам рекао је да је и он раније радио у Словенију, а да сада ради у фабрици противградних ракета у Подгорици. Па добро, Калезићу, настављам ја, шта хоће ови људи, имају ли они какво

одобрење наше државе, пошто легитимације да су новинари немају.

Видиш Калезићу, ја му показујем отворен гепек од њихових кола, ово је стварно новинарска опрема, а нико никакав папир нема.

Имам ја, врисну Калезић и из унутрашњег џепа извуче некакав папир. Погледам ја тај папир, не сећам се како је гласио наслов: Потврда, уверење, акредитив ма вала колико се сећам писаше обећање, а ти ми немој веровати. Чуј ту неко неким људима обећава да их нико неће дирати, али нигде не пише да су они новинари и шта треба тачно да раде и ко им то обећава.

Видим да је то нека будалаштина. Погледам печат, брате мој, а он као џезва (ваљда да уплаше онога који чита овај папир). У пречнику беше скоро шака. А на њему се виђаше само да је из Црне Горе, то је једино могло да се прочита. То је нека задруга, послератна, видим ја, али ћутим.

А кад видех потпис, е замало се замаках од смијања. Подсети ме на потпис неког циганина, Мемета, ковача из Штимља. Једном сам му приликом вадио неку личну карту. Нормално, после Црногораца и Шиптара и Цигани воле преко везе. Кад му рекох где да потпише, Мемета би срамота да ми каже да не зна да пише. Дохвати Мемет ону хемиску, па кад је спусти на папир, а она као да му експлодира у руку. Наста кијамет на оном формулару. Доста је Мемете, рекох, остави мало места за остале податке.

Е, такав ти је и ово био потпис, само што је Мемет за разлику од овог Калезића био поштен човек.

Какав је ово папир Калезићу, питам га ја. А он поче, па то ми је дао један мали, сестрић Шпиров, па

његова тетка има ћерку чији дечко познаје некога из Црногорске владе, па ми је он то дао. Јаој, видим набраја ми пола Бјелопавлића, али џабе. Обрисах ја нос ономе брку, додуше не баш тако нежно са оним папиром и заустави се Калезић.

Ау зажалих га, па ово не важи за нас, и да бих био убедљивији објасним му да тај папир може да послужи за све за шта се папир користи, али не и као дозвола за рад неких самозваних новинара на територији Србије. Имаш ли ти нешто са потписом и печатом Савезне Републике Југославије или бар Србије, опет бих ја да му помогнем. Немам, тужно одговара Калезић.

Прићи ми ближе Калезићу учтиво га замолих, **можда** пуковник, **можда** оперативац, али сигурно Црногорац са Косова и Метохије на задатку који ми значи колико и живот. Никад нисам људе одвајао по нацији, па и њему ништа мање него брку или оном момку – преко носа, па у блато. Леже и он поред својих пријатеља.

Сину ми кроз главу помисао и сећање на оног војника, то је то што сам сањао, помислих, па Словенци су побили неке наше ненаоружане војнике сетих се. А морам да видим којим су послом ови самозвани новинари дошли. Шта је њихова намера. Доведите ми их у базу, наредих ја мојим послушним лалама који су пристигли са обиласка терена. Стигао сам горе, а ђаво ми не да мира.

Уместо да мало одморим ја не, опет оперативни рад, али сад је предмет обраде „осумњичени за шпијунажу", прави изазов за мене.

Доведите ми оно момче, он ми је некако најсвежији, па се надам и најразумнији.

Шта је ваш задатак, кратко и строго питам тог младића. Пре него што почнеш да ме лажеш упозоравам га, да знаш да ти је боље да признаш одма јер ако те прикључим на ратни полиграф онда ти је касно. Гледа ме мали и чуди се, јер зна Словенац шта је прави полиграф, види да у шуми нема услова за полиграфско тестирање. Не зна мученик шта га чека ако крене да лаже.

Ја не знам, почиње мали, ја само снимам шта ми нареди шеф, мислећи на брка. Донесите ми полиграф, викнем ја. Та, је л онај од јуче, пита један од мојих лалоша. Ево лала носи „грабов" полуокрашћени и већ проверени полиграф. Кад је видео онај мали шта ми даде лала и рече уз осмех. Та изволите шефе ево стигао је полиграф. Ма нисам имао потребе ни да манем.

Ево, рећи ћу што знам, креће Словенац. Него ја чисто ради реда једно пет-шест пута офус по њему да плати казну за покушај да ме лаже. Брко зна све, кад год му је зазвонио телефон он ми је наређивао да зауставим возило и изађем из њега. Шта је причао и са ким ја не знам, али он зна, показујући руком на брка, везе мали и шта га не питам, не гледа у мене док ми прича него у онај колац. Као да прича колцу, а не мени, **можда** пуковнику, **можда** оперативцу, **можда**, **можда**, али сигурно поштеном борцу, то није **можда**. Полиграф је чудо, помислих. Води овога малога он је био добар, довољно је рекао.

Дај ми његовог шефа, оног брка. Шта ме гледаш, наљути ме својом спорошћу један мали. Али, ево ти воде брка, а он као снаша, а са стране ђевери. Њега ништа не упозоравам јер је све већ видео. Немате ви право на, то поче да се куробеца брко, и опет ће,

ја сам добронамеран. Покажи ми бре неки документ и одмах те пуштам. Па, рекао сам већ, наставља брко са зајебанцијом. По најновијем (измишљеном нормално), неком међународном закону и измлатара још неке тачке и чланове којих се не сећам, као новинари нису у обавези да носе легитимације. Видим ја да је Брка неко дебело зајебао, како је он најбољи оперативац. Не то сам ја помислих и устадох. Полиграф у међувремену ухватила влага, мало добио на тежини, али нема везе – ради, то је битно. Али тврд брка два пута сам морао да ладим полиграф док је донео одлуку да ми све тобож каже. Оћу да сарађујем, онако разбијен после једно сат и нешто јаче полиграфског тестирања, рече Брко. А ја тек онда по њему, чисто да не мисли да не могу више.

Станите молим вас, вришти господин брко. И ја се обрадујем да чујем шта он има да ми каже, па да одем да одмарам. Мени су моји, почиње брко онако културно, наредили да како знам уђем на територију Косова и Метохије.

Да ако, наставља он, ја га само гледам и држим полиграф на крило, нема избегличких колона Албанаца каже брко да све импровизујем и изрежирам неке изјаве грађана како их Срби, наводно убијају. Све то пошаљем мојима да би они то објавили целом свету, а за резултат би бомбардовање ваше земље било интензивирано, ја га гледам а он ми појашњава као да сам ја будала, појачано, каже брко. Зажалих га, здравља ми.

Више ме ни реч није интересовала. Веома свеобухватно сам га полиграфисао једно три сата. Је ли бре брко, вриснем, па је л ово мало што нас бомбардују, мајку ти фашистичку јебем и повежем га на по-

лиграф, рекох три дебела сата. И ти би мало да потпомогнеш, је ли брко, да нам ови одозго спрже и ово што је остало. Како ми је те ноћи претекао брко не знам, здравља ми. Вежи га, кажем ја, да се мало одморим, а ви ми припремите оног Калезића кад устанем, јасно. Јасно, повикаше лале.

После једно два сата одмора, да видим шта има Калезић да ми каже. Доведи га, пошаљем ја једног малог. Ево ти га Калезић.

Препознао он да сам ја Црногорац, па рачуна има везу. А ми Црногорци болујемо да све преко везе завршавамо. Зајебо се дебело, али нисам му ја крив. Ајде, причај све што знаш или ћу те живог одрат, смирено му кажем, онако одморан.

Колико си пара примио, па све по реду, за овај фукарлук који си урадио, поносан ја на оно што ми је брко признао. Питам господина Калезића и љуштим неку кору са оног полиграфа и чекам. Куне се Калезић нисам узео ни цента.

Па што си се онда упустио у све ово питам га ја стварно мало зачуђено, јер ми се чини да не лаже кад каже да није узео паре. Па сестра ми је глумица, живи у Цеље у Словенији, па њу држе тамо и на тај начин су ме уценили и поче да плаче. Ја га још ни пипнуо нисам, а он цвили, плаче, моли, куми, само да га не повезујем на полиграф. Видео мученик како је брко прошао, није му лако, муке су то, треба то издржати.

Показује ми неке слике, ако се добро сећам двоје деце. О, Калезићу, изнервира ме кад ми је те слике показао. То ти ништа не вреди и ово овђе по Србији и по Косову и Метохији су исто ђеца, ништа мање

вредна и ако нису црногорска, па ти дође овамо да потпомогнеш њихово убијање, мајку ти шпијунску јебем, изнервира ме мој Црногорац. Не плачи, ништа ми ниси у овој ситуацији милији од онога брка, а то ћу ти сада и показати. Повезах и њега на полиграф, па њега сам заиста дебело исполиграфисао, јер то није смео себи да дозволи, па сам ту ја да га вратим на прави пут. Обрукао је Црногорце и мене је на тај начин увредио. Одерем га прописно, али за њега имам посебне задатке.

1. Сутра кад устанем, кажем ја Калезићу, пошто сам ја непушач, гледа ме он пажљиво, као да сунце из мене грије, видим ли у кругу од 500 метара један пикавац ово ноћас што си добио је зајебанција, верुј ми. Је л јасно, питам. Јасно, потврди фукара од Калезића.

2. Кад те прозовем сутра и убудуће ти се одазиваш на следећи начин. Слуша мученик, упија шта му говорим. Ја Калезић Р... сам највећи шпијун и фукара у фамилији Калезића. Је л јасно. Јасно, потврди он. По ономе како је реаговао мислим да је то и раније мислио о себи.

3. Сутра морам да испитујем неке шиптаре, добро, каже он, сав срећан, није шиптар. Ти ћеш да их повезујеш на полиграф, а ја постављам питања, па ако ти будеш то лоше радио бићеш и ти један од исполиграфисаних. Јасно. Јасно потврди он.

4. Сваког шиптара мораш да научиш шта су гусле док им пуштам касете, а који буде незаинтересован шта ти радиш, питам га као на

квиз. Полиграф викне Калезић и на крају се зајебе и каже ми рођо, ваљда што смо Црногорци. За оно полиграф, то је тачан одговор, кажем ја, а за оно рођо, пошто си ти шпијун и фукара дођи овамо. Те му онако братски развукох једно 7–8 шамарчина, да су се могли чути до Рожаја.

Је л све јасно Калезићу? Јесте, одговори он и одосмо на спавање. Он на ону гомилу шљунка, а ја у неку **можда** спаваону, **можда** учионицу, **можда** школу, али сигурно не у топлу собу. Само што ме ухватио први сан, што каже наш народ, дере се један магарац од војника и виче устај, устај.

Шта је било, питам ја зачуђено шта се дереш, бре, будало једна. Оће брко да умре, опет ће панично војник и видно узбуђен упали светло, а избечио се као да је видео ђавола. Па шта се дереш, пичка ти материна, не умире војвода него душманин и устадох јер од спавања нема више ништа. Изађох, ипак, да видим шта је то, знам шта човек може да издржи.

Оно од синоћ, мислим, ма то није ништа. **Можда** је болестан, претурам по глави. Опет ми онај војник којег сам сањао, онај јадник који погибе ни крив ни дужан, прође кроз главу.

Погледам господин брко јак ко бик, румен бре, нема ту умирања, може да се жени, очи му сијају као код мајмуна. Знам ја како гледа човек који умире, много сам у животу прошао, много сам очију видео које се поздрављају са животом.

Сећам се, лутају ми мисли и сећања, очију моје покојне мајке, ја сам је испратио за Београд у болницу. Није се вратила. То су другачији погледи од овог

брковог. Ма загрејаћу ја фукару, помислих. Приђем мало ближе, кад, брко глуми грозницу. Па овде сви глумци, и Калезићева сестра је глумица, помислих.

Шта је брко, викнух ја, шта се тресеш као да болујеш од фраса, што препадаш ову ђецу. Хладно ми је, господине. Културно ће брко трудећи се да ме не изнервира и гледа према једном бурету у коме сам оставио полиграф да се кисели, да се мало охлади. А мени, као да сам се спремао за разговор. Да ли је хладно оним јадним, недужним и ненаоружаним војницима које ви побисте. Ћути брко. Ти кажеш, опет бих ја мало да се дружим са надри-новинаром, да си новинар. Па одговори брко кратко, јеси ли и тада био новинар. Јесам, спремно ће он. Па, јеси ли написао макар један текст у коме критикујеш људе који убише нечију ђецу – ненаоружану. Не, рече он, нисам и изнервира ме.

Вриснем ја као да ме змија ујела. Видно љут што брко фолира почнем да набрајам, а је ли хладно оној српској нејачи која спава по шумама, па је ли хладно малој Јовани и њеној мајци које погибоше најстрашнијом смрћу у кречани Клечка. Од руке оних којима си ти дошао да помажеш, шта мислиш, је ли њима хладно, брко. Ћути он и види зајебо се мученик, не дрхти више, али касно. Ма, загрејаћу га ја, помислих.

Види брко, знаш сада ћу да ти донесем један лиопокривач, ти знаш, они су тањи од ових наших сељачких, али добро греју. Знам, тужно одговори брко.

Одвежи га, шта гледаш, је ли ти га жао, издрах се на једног лалу који је био на стражи. Та, није ми га жао, ко га јебе и онако полако војвођански, доведе га

он. Као што сам обећао мало тањи, али добро греје. Извучем ја једну грану из неког плота који је био ограда школе, онако као притка за парадајз.

Па ти ја загрејем брка да се презнојио, али зна он, ако почне да се дере биће жешће, заузео положај и чека кад ће загрејавање да се заврши. А ја, онако љут, а је ли хладно покојноме овоме, па је ли хладно покојноме ономе. Стајао нисам док нисам набројао све којих се сетих, а које су убили шиптари – бркова браћа. Стајао нисам све док не споменух покојну баба Живану, покој јој души. Ту стадох.

Њу нису убили шиптари, а и давно је умрла. Али и она оста да лежи у српској земљи Косова и Метохије. Ни њен гроб не могу да обиђем. Због оваквих као што је брко – лажни новинар, због оних милосрдних анђела који нам побише нејач. Је ли она шта коме скривила, преслишавам ја себе. Због оних што су пуцали само док краду, јер крађа уз употребу оружја је ваљда дозвољена у тој **можда** држави, уколико су жртве Срби, је ли брко, диктирам ја брку док полиграф шиба, до душе тањи.

Мислим да их је брко боље упамтио. У неки вакат примири брко и тихим гласом, као да смо на некој геј паради, мени више није хладно. Добро брко и ја се обрадовах, да одем да одспавам мало. Али ако ме још једном пробуде због тебе, најебо си брко, разумеш ли ти мене, опомињем га ја док пишам у онај плот. Нема проблема, неће вас будити због мене, културно одговори Брко.

Одспавах ја остатак ноћи па опет у цик зоре на терен. Али сада без икаквог оптерећења, оно због чега сам дошао то сам и одрадио, па и више од онога што сам се надао. Еј бре, ја сам спречио да се појача бомбардовање, дивим се сам себи, бодрим себе, ма, ако сам на тај начин спасао живот макар неког првенствено детета, ма чије оно било, али и било ког недужног цивила, е то је права ствар.

Шта би ми рекао генерал Младић да ме сад види, шта би рекла моја покојна мајка Коса, шта би рекао онај војник који хоће кући, да га ја пустим из мог возила, претурам ја по глави и размишљам да нисам где погрешио. Ма ти Славко **можда** (опет оно опомињујуће **можда**), **можда** ниси, ни ратник, **можда** ниси ни оперативац, али ти Славко сто посто волиш своју Србију, то није **можда**, то је стварно. Све ове „мајмуне" нисам спречавао да нешто раде својим државама. Него мојој Србији. Овакве и сличне послове сам са полицијом радио 20 година, али то нисмо звали рат него рад. Реко̂х вам, разлика је само у задњем слову.

Оклопни транспортер

Још ми се по глави мотају питања која сам још могао да поставим господину Брку. Првог јутра после њиховог хапшења на терен смо изашли нешто мало касније него обично. Сви полазе у правцима које смо одредили синоћ. Лалоши који су навикли на равницу полако прихватају и овај брдовит терен као свој. Сада и они лагано, али сигурно, сваког јутра претресу прво оне брежуљке који се налазе у непосредној близини наше базе, а које ноћна стража не може да обезбеди, да се у току ноћи неко није ту привукао од шиптарских бандита и поставио какву замку – експлозив, нагазну мину, или можда развукао онај најлон који риболовци користе, а који ако закачиш ногом то значи и да су активиране најмање две ручне бомбе.

Када се то одради креће се сваког јутра у неком другом правцу. То су били наши задаци у тим временима.

Са мојим возачем и још пар лалоша контролишем онај правац пута који води од раскрснице за Нови Пазар, па до бране језера Газиводе.

Трудим се да приметим да није дошло до каквих промена у односу на јучерашњи дан што би могло да значи да су они – шиптарски терористи ту близу.

То би било веома опасно, јер знам колико би њима значило када би успели да онемогуће рад мојих људи које сам организовао тако да је буквално било немогуће да се неопажено прође – побегне за Црну Гору. За Црну Гору су могли да иду несметано само они за које је било јасно да су само обично људи, ненаоружани и који су хтели да се склоне, да преживе та тешка времена.

Моја наредба је била да се таквима обавезно помогне. Они за које можемо да претпоставимо да су били припадници неке од многобројних терористичких банди смо задржавали.

Док ме мој лала вози радио везом ми је „шифровано" јављено да ћу у току дана имати посету из команде која се налази у Косовској Митровици.

Рачунао сам да ће неко доћи да нам донесе мало хране и осталих потрепштина, јер нико од мојих људи није могао да оде ни до једне продавнице где би могао да се снабде с било чим. Нисам то могао ни ја.

Забранио сам то у ствари јер сам знао да може да буде опасно за ове моје, који би у трговину морали да оду без маски преко лица. Нисам хтео по цену да сви гладујемо да дозволим да било ко може да зна тачно колико људи имам на терену.

Трећи круг нашег патролирања ми се у долини иза једне кривине појављује оклопни транспортер. Узимам дурбин и гледам. Наш је. Кад ми се примакао видим да је био војни, па наш (полицијски), па сада га опет војска вози, што значи да је то нека стара кршина.

Зауставља се као у оним вијетнамским филмовима. Да те страх ухвати.

Ови моји се радују, па већ врше расподелу: ко узме цигарете нема право на слаткише, ко узме сок нема право на млеко, ко узме зденку нема право на нарезак. Неки кажу биће ваљда и нека конзерва рибе.

Тако смо се ми частили све док не почеше да излазе из оног полураспалог транспортера. Склонили смо се мало даље, за сваки случај. Држимо на нишану излаз из оклопног транспортера и чекамо. Кад почеше да се извлаче, два цивила, па изађоше два војника, какве сам последњи пут видео док сам служио војску. Чојана униформа делује толико смешно, као да је никада нисмо носили. Осећам се као да ме неко вратио у 1978. годину, у краљевачку касарну која се налазила на Рибници. Још се сећам и војне поште: ВП 4945.

Ови војници још не виде нас који их држимо на мушици. Љубе се они са оним цивилима. Поздрављају једни другима фамилије, али и ови цивили извадише по неки динар из џепова и дадоше овој двојици.

Кад су то завршили ови цивили пешке крећу према Меховом кршу, а војници остају. Не дам да се ови цивили дирају. Имам још људи горе, па ће они то да одраде.

Чекам да војници почну да извлаче пакете са храном.

Кад ево ти чуда.

Тресу они прашину са оних трања од униформе и притежу се као да неко треба да наиђе. Стоје на сред пута, оне пушке држе као да су у лов пошли. Видим да је то неки циркус. Један од војника ми радио везом „шифровано" јавља да су стигли, а и позива свог шефа да изађе из возила – оклопног

транспортера. Уживели се сељачићи да су неки курац и они.

Ја већ почео да лудим – стомак ми се спремио на тазе клопу.

Кад у једном моменту отворише она задња врата и појави се неки официр, али само пружа руке. Ови војници га прихватају и вуку као кад људи истоварају бикове са камиона. Како га извукоше, он не мога да се заустави, јер су га оне будале повукле јако, а он беше добро дебео, па кад је склизнуо низ ону стрмину према језеру, не мога да се заустави. Разбио се жив. Изгубио протезу, па је сва тројица траже, онај официр ошамари једнога малога.

Немају појма да их ми гледамо. Нађоше је некако. Гледа је капетан-резервиста (видим по униформи) и даје је једноме да оде до језера и плакне је. Трајало је то једно пола сата док су се вратили назад. Ови моји лалоши и ја хоћемо да се покидамо од смеха.

Поново се они уређују и тресу прашину, сада и са капетана.

Кад су се уредили и дотерали, поново они опет јављају да чекају да се неко појави од нас.

Кажем овоме момку што ме возио, иди види шта хоће.

Изађе лалош, али, она маскирна униформа, а он млад – лепота од полицајца, прави Србин.

Како је стигао, а оне две будале од војника глуме нешто, па машу оним пушкама, док лала прича са капетаном.

Зове ме мој лала да се и ја појавим. Извукоше и мене из кола.

140

Како сам пришао, а онај капетан поздравља и почиње:

Ја сам (рече неко име), па онда помоћник начелника за безбедност, задужен да вас обавестим, видим ја да он нешто сере, али слушам га, а на измаку сам стрпљења.

Реци, бре, јесте ли донели шта за јело, прекидох тај његов монолог.

Ми нисмо ту тим поводом, наредили су пуковници: Бранко и Милета да попустите мало, јер је интервенисао неко из Београда.

Ушима мојим не верујем. Ти ниси донео храну, питам га ја поново. Нисам, одговара капетан.

Марш одавде, јебем вам матер блесаву, раздерем се добро. И на крају им опсујем све што ми је пало напамет. Све ћу вас побити уколико се овога момента не изгубите одавде. Улетеше они у ону ломатину и само што су кренули, ја луд од љутње. Само једним гестом су ме орасположили и насмејали до суза.

Нису се одаљили ни 50 метара, отварају се она врата, а ја се надам да ће избацити храну и да је све ово пре тога била само њихова шала.

Кад они сви у глас „Јебемо и ми теби матер." и гас.

Три дана сам био расположен кад се сетим те сцене и данас, и сада док ово пишем, ја се смејем и волео бих да знам који су то људи, јер су на мене оставили страшан утисак.

Опростили су ми све, осим што сам им опсовао матер. То нису могли. Срби су то. Неће по том основу да остану дужни никоме, па ни мени.

Тако ја и заврших тај радни или ратни дан. Није ни важно. Поново се ми вратисмо у базу на вечеру. Опет оне конзерве које су нам вероватно овамо послали, јер се нису свиделе српским војницима Косовске битке 1389. године. Бар су тако изгледале.

И ово се догађало у тим ратним временима. Нас четворица који смо све то гледали препричавали смо овај догађај док нисмо заспали.

Слике

Сећам се – добро ме насмејао један шиптар (од ухваћених у шуми) кад је видео да је он на реду да га прикључим на полиграф. Извуче из џепа нарамак слика. Имаше их стотину, али не слике фамилије, што ме зачуди, како ја у први мах помислих. Кад ми их пружи, а оно Слобо Милошевић у стотину поза, ама мислим да ни Слобо сам није имао толико слика колко их овај извади из џепа. Како ми их дате тако заплака.

Њега нисам такао, он се спасио, док се није обезобразио. Ни сам није био свестан да су га његови претресли, ма заклали би га на лицу места. Све док га нисам вратио одакле је дошао, кад год бих поред њега пролазио, он је покушавао да ми се јави неким посебним гестом. Морао сам једном приликом да га задланим, јер се беше опустио па поче да ми намигује. Једне прилике нисам био расположен, па како ми он намигну, а ја без икаквих упозорења један рафал шамарчина. Више га је изненадило то што сам урадио, него што га је заболело.

Три дана није уста могао скроз да затвори, јер му је ваљда вилица била лабава, а рафал шамарања је наступио изненада. Рачунао је мученик да му оне слике бејаху тврда заштита, **можда**. У оваквим условима све ти је **можда**, рекох ти ја буразере, што би рекли ове моје комшије из Рожаја.

Шетам кроз ону шуму, али сада већ мало познајем терен, па сам опуштен, кад ми преко радио везе јављају да се јавим хитно Горану Паповићу.

Скокнем до неке мале станице полиције у Рибарићу, ту је била и нека мала пошта. Истерам све напоље док ја телефонирам. Добих Горана из цуга, из прве у оваквим условима. Чуо сам од Мишка Лаковића да је за тобом расписана потерница и да је генерал Павковић потписао. Кратко и јасно ми каже и наставља, на тебе су послали људе које предводи Жарко Килибарда из РДБ – Приштина и прекиде ми везу.

Сигурно је Мишко чуо за Весеља или Фаика, па се плаши да нешто не процури од онога што сам сазнао о њему и његовом куму, једна је од мојих претпоставки, па би да то спречи мојим хапшењем. А то што ја не верујем Фаику, ту варијанту и не разматра сигурно. Е, па неће моћи, мало се наљутих нисам ја **можда** оперативац, ја сам најбољи оперативац, а они, они који су више веровали шиптарима, е они су **можда** оперативци, **можда** полицајци, **можда** патриоте, ма они су и **можда** људи. Ако тако размишљају. Доносим одлуку да прекинем све, јер верујем Горану Паповићу. Добар је он, није будала да се са таквим стварима шали и одлучих да се јавим човеку у Београду који је у то време био у врху власти и знао је за оно шта ја радим.

А то што је послао групу коју предводи Жарко Килибарда, то је за мене опасно исто толико као да нису ни кретали. Па једино по чему памтим Жарка Килибарду је то да је баш у време када је приман у

полицију, из ваздушне пушке погодио неког цивила, пролазника. Е то ти је **можда** ратник, **можда** оперативац, **можда** полицајац Жарко Килибарда. Једино што није **можда** то је да он никад не би у ратним условима смео да стане испред мене, то није **можда**, то ти је сигурно, знамо се ми добро.

Одлучим ја да лале вратим кући, одрадили су они поштено свој посао и своју каријеру допунили. Сада су поред осталог и ратници. И они су **можда** учествовали у рату. Не **можда** они су стварло учествовали и у одбрани земље. Неке магарце од ухапшених за које командант ужичког корпуса није био заинтересован и о чијој судбини сам ја морао да одлучим, а уз помоћ оне очеве препоруке (никоме не узимај душу ако не мораш) ослобађам и вратим их на Косово и Метохију у ствари Косовску Митровицу, то је био најближи град. И са њима се поштено поздравих да им случајно поново не падне на памет да „пуцају док комшијама краду стоку", а и да се сете мене на сваку промену времена. Заслужио сам ја то. Рат је то, превентиве ради, тако се мора.

Остадоше ми само Словенци и онај мучни Калезић. Шта да радим са њима, размишљам. Ма њих ћу да вратим одакле су дошли. И са њима још једно поздрављање. Наредим да ми доведу из Рибарића неког возача аутобуса, кога сам пре неколико дана изшамарао због кашњења и неозбиљног и неодговорног понашања. Аутобус пун деце и жена, ови одозго (оним бомбама, паметним, кажу) гађају не стају, а возач отишао на чај. То траје више од 40 минута, морао сам да га вратим у нормалу да буде господин возач, што је имао обичај да каже неки наш брица Реџо (Хаџимушовић) самурај.

145

Стиже возач сав срећан, јер није каснио. Изволте, глуми и он неку дисциплину и стоји мирно испред мене. Видиш ова три магарца и показујем на Словенце и Калезића.

Ћути возач и гледа. Е, њих да узмеш, да седну на патос од аутобуса и да их одвезеш до Рожаја. Је л јасно? Јасно, главнокомандујући, полтронски одговори возач. Пакују их ови моји лалоши, па и они покушавају да растанак буде незабораван. Ајде доста је било викнух ја, пусти их. Возач таман кренуо према аутобусу низ онај блатњави пут, а ја наређујем да се врати. Изволите, опет ће он.

Слушај ме добро, реч једну ако проговоре, ма само ако кину, одма окрећи аутобус и врати ми их овамо, па ћу их ја научити реду. Ма не секирајте се, поново ће онај полтрон од возача. Поред седишта имам онај кључ за точкове, па ако мрдну, зна се. И он се сад курчи. Је л тако главнокомандујући, пита он. Тако је, осоколих га ја и помислих – покољите се кад одете од мене, пичка ли вам материна блесава. Одоше и они. Наређујем припреме за покрет.

Док се моји лалоши спремају враћам филм шта ја урадих за ово време.

1. Чамац и чамција више не раде.
2. Бели камион више не вози бабе и оне магарце.
3. Лажни новинари и онај Калезић ме никад неће заборавити.
4. Фаик Морина је видео да не може све да купи својим прљавим парама. Нису сви Бато Николић.

МОЖДА

5. Весељ Џонбаљај виде да није добро да будеш човек са два имена и презимена.
6. Командант Груица би задовољан јер сам обавио задатак.
7. Одржао сам реч коју дадох генералу Ратку Младићу – да ће нејач бити штићена и сачувана, па макар ком народу припадала.
8. Испоштовах заклетву са мајчиног гроба, да ћу макар покушати да браним српску земљу Косова и Метохије.
9. Целог ћу се живота сећати младог војника који тражи да га пустим из оних кола, да иде кући.
10. Зорица је родила сина Данила.
11. А ја остадох сам пред новим задацима које ће ми **можда** поставити неко ново време које **можда**, само што није стигло.
12. Дрвосече више не иду дубоко у шуму.
13. А ја опет предосећам да ће бити потребе за ратним полиграфом

 Славко Никић – Цаки

Црна Гора

МОЖДА

Поздрав

Идете, онако тужно пита мајор Томић. А ја као прави пуковник, сав важан, морам на неки нови задатак, звали ме ови одозго. Ту се ми поздрависмо.

У Новом Пазару је била одређена бензинска станица, на којој сам могао да точим гориво. У рату горива нема у слободној продаји, па је зато било потребно посебно одобрење, наредба која је гласила на одређено возило и лице. То је било организовано и то ми није био проблем. Танкирам возила и ја са мојим лалошима правац Ибарска магистрала, преко Новог Пазара нормално. По Ибарској магистрали нико живи, само по неки авион „миг" иза кафане и ништа друго, да не верујеш.

Стижем ја до Београда, а моји лалоши продужише за Зрењанин. Стигнем тамо где треба, а мој побратим ће још са врата – па јесмо ли се договорили да се полицајци Срби не хапсе, па макар и да покушају да оду за Црну Гору. Јесмо, кажем ја. Па ти си ухапсио Веска Џомбалића, припадника РДБ из Приштине. Није он Веско Џомбалић он је Весељ Џонбаљај, ево проверите. Па ако није тако ви ме хапсите, кажем ја и стојим мирно.

Позва он неког капетана и даде му један папирић. Прошло је сигурно пола сата и ево ти капетана, на врата. Читај, нареди му овај. Весељ Џонбаљај од оца тога и мајке те и тако даље. Доста је прекиде га газда. Ја сав срећан, али ћутим.

Је ли Никићу јеси ли ти њему одузео неки службени пиштољ. Јесам. Где је то гвожђе, опет он. Па код мене је, кажем. Можеш ли ти некако да одеш до Приштине и да одеш код начелника РДБ и лично му даш тај пиштољ, а он нека те ухапси, па ћемо да видимо, љутито ме упита. Могу, само да видим породицу и да ми дате неко друго, мање возило, јер ми је тако безбедније.

Опет капетан доби задатак да ми спреми један цивилни ауто и потребне (војне) папире. Налог са печатом и потписом као и налепницу за стакло, а остале податке да унесем ја. Брзо би све то спремно и ја крећем. Колико се сећам добио сам мали рено. Правац Зрењанин.

Почињем сам себе да подсећам на оне бабе, јер полако и ја добијам онај мирис, ма какав мирис, смрад, од некупања, ништа друго. Чешће сам гледао шефа Удбе него туш. Почех ја поново, неверни Тома. Ако је Мишко Лаковић сазнао којим аутом идем, **можда** ме негде успут и рокну његови људи, убиће ме, помислих – Удба је то, све они могу. Одлучим, као прави оперативац да то возило сакријем код мене у гаражи, а да са мојим приватним кренем. Податке о возилу и онако још нисам унео у налог. Па ћу унети податке од мог возила, то је право, упозоравам себе.

Кући се истуширам, наједем и поздравим са ћерком М. и супругом В. и негде око поноћи, нешто мало пре, кренем. Поново оперативац на ратном задатку. Сада је предмет интересовања начелник РДБ из Приштине. Од Зрењанина, преко Београда, Крушевца, па до Куршумлије само војска и ја, можда пуковник, можда, оперативац, можда полицајац, али оно што није можда већ је сигурно, а то је патриота Славко Никић. Обичан човек који воли своју Србију и ништа му није тешко. Само кроз главу пролазе слике: речи генерала Младића, заклетва на мајчином гробу, млади војник који ме у сну моли да га ослободим. Ма свашта, брате. Али све до сада одрадих поштено, па ћу и ово преживати, надам се.

Око Куршумлије кружим, неки мостови порушени. Али нема застоја, то је важно. Од Подујева до Приштине овог пута без проблема. У град улазим негде око пола шест. Гледам, а сузе саме иду. Мој град порушен. Мој родни град више не постоји. То су само остатци од онога чега се сећам. Пожелим овог пута искрено, да је и ово можда, па да ујутро са мојим друговима из улице одем на кафу у градску кафану „Три шешира".

Ту изнад кафане живи Бане Даковић, моја генерација, одличан момак. Он је практиковао да чим види неког од нас да ујутро дође да пије кафу, сиђе и он.

Постао је најугледнији доктор код нас, али због тога није престао да се дружи са нама, волео нас је, видело се то. А волео је и свој град и кафану „Три шешира" испред које је играо кликере кад је био мали, сећам се ја. Али ово није можда, ово је стварно, ово је рат.

Одмах поред улаза у гаражу МУП-а у Приштини била је зграда у којој је живео МишкоЛаковић. Одлазим тамо. Звоним и на интерфону чујем Мишков глас. Ко је, одсечно ће он. Ја, Славко Никић – Цаки. Чекај ме, туширам се, брзо ћу ја. Препознам ја љутњу у његовом гласу. Познавао сам Мишка, тихо је он причао, градско дете. Али овог пута није био тих.

Излази Мишко и одмах сасу паљбу на мене, шта ти то радиш тамо, је ли. То што ми је наређено, кажем ја. Па што се ниси јавио и мени, помогао бих ти, а не да хапсиш мог возача и телохранитеља Веска Џомбалића.

Требали су да ти јаве они твоји шефови који су ме овамо и послали. Кокотим се ја, јер видим да од хапшења нема ништа. Дошао сам да ти вратим овај Весков пиштољ – службени је то пиштољ, колико знам, па га поново задужи са њим, шалим се и пружам му пиштољ. Насмеја се и Мишко. Узима пиштољ ЦЗ-99 компакт, сећам се. Дај и оне две бомбе што си му узео. Бомбе сам потрошио, фолирам ја Мишка, а и он примећује и смеје се. Потрошио, је ли и загрли ме.

У праву сам био, помислих кад сам омлатио Фаика, кад је почео да лаје. Није Мишко онакав каквим га је Фаик представљао. Ово је прави Мишко Лаковић. Од потернице и хапшења ништа.

Мишко, јеси ли ти стварно љут на мене. Ма нисам бре, кратко ће Мишко. Ту се изљубисмо и то је било наше последње виђење на Косову и Метохији. Сећам се да сам га после неколико година, док сам са мојом старијом ћерком М. шетао Београдом срео испред хотела Москве (а ђе би се друго Црногорци и срели). Изљубили смо се ко рођена браћа, а моју М. је

МОЖДА

поздравио ко принцезу. То је био мој последњи сусрет са њим. Недуго после тога он изненада умире. Сахрана је била велика. Умро је Мишко Лаковић човече. Први човек РДБ Приштине, мога града 20 година. Рат се завршио, ми смо сви протерани са наших огњишта, из наших кућа и станова.

Весеља Џонбаљаја срећем после рата на једном ручку код Бата Николић, када је још једном, али неуспешно, покушао Бато да ме прода.

Том приликом сам имао са Весељом краћи разговор и на моје питање да ли се сети мене свако јутро кад помилује децу. Да одговорио је и тражио је од мене да му кажем како да ми се одужи за то. Моја ћерка је чула како сам ја од Весеља и Фаика узео велике паре и то је много мучило.

Весељ, закуни се у твоју децу испред моје ћерке и кажи јој пред овим људима колико сам вам пара узео. Загрли Весељ моју М. и каже твој тата нас је само ухапсио, а није нам узео ни динар, заклиње се Весељ Џонбаљај. Моја М. ме само пољубила и почела да плаче извињавајући ми се.

Југослав Петрушић – Доминик је ухапшен после рата као вођа групе Паук, која је нешто спремала против државе, **можда**.

Бато Николић се враћа на Косово и Метохију и ортачки са неким шиптаром-официром озлоглашене УЂК-е (терористичке војске коју шиптари користе за све и свашта) држи опет неки хотел и бави се старим занатом.

Фаик Морина се враћа за Приштину и нормално живи. Па ви видите да ли је Фаик радио за **можда** службу или **можда** служба за њега.

Калезића сам видео на телевизији, држи стоку по црногорским брдима. Да је имао мозга то би радио целог живота, а не да глуми негог шпијунског водича.

Словенци нису ни били новинари, јер ме нико због тога никад и ништа није питао. А ви знате новинара само ошамариш, а оно паника по телевизији.

Ни један шиптар се није никоме жалио, јер знају они да су имали срећу што су пали мени у руке.

Оне бабе су сто посто живе и данас. Вероватно врше обуку шиптарских герилаца. Јер то су биле супер-баке.

Возач из Рибарића више никад није закаснио на посао.

Српски полиграф оста у оно буре да се кисели. Ту је он ако затреба опет.

Мајор Горан Радосављевић Шумадинац добија нови надимак и сада је Гури. То на шиптарском значи камен. Не знам зашто, али тако је. Лепше му је стајало Шумадинац, али одмах после рата он бива унапређен — од мајора он поста генерал пуковник и сада је генерал пуковник Горан Радосављевић – Гури.

Брзо после рата схватам да сам **можда** пуковник, а не школовани. Ја сам ти брате пуковник само за ратно стање. А они који то нису схватили држава им у томе помаже, неки изгибоше, а неки су још по неким затворима, колико чујем. Тако држава помаже **можда пуковницима**.

Разлика између ратног пуковника и правог пуковника ти је иста, као између храстовог балвана обаљеног поред пута и храстовог намештаја у дуборезу, е то ти је то. Све је храстовина, ал балван по некад заврши већи

посао од дубореза. Преко балвана у рату можеш и реку да пређеш кад мост сруши „Милосрдни анђео" и тако спасиш животе људи, а преко намештаја не. Тако ти је то. Али истини за вољу, замисли да неко међу фотеље у кабинет унесе балван, е па то је будалаштина, ипак за кабинет је намештај, дуборез.

Успешно обавих моју малу, али поштену мисију. Нисам погазио реч дату генералу Младићу, нисам погазио заклетву дату на мајчином гробу, нисам заборавио војника који остави своје младе кости на Косово и Метохију. Па ти, који ово читаш, види да ли сам ја **можда** оперативац, **можда** војник, **можда** полицајац, или сам ја стварно добар оперативац, стварно добар војник и стварно добар полицајац.

Пристајем да све буде **можда** осим тога да сам Црногорац родом са Косова и Метохије поносан што сам био у ситуацији да браним моју државу Србију. То није **можда**. То је чиста, божја истина као и ово што написах само сећања ради, ништа друго, верујми, да се не заборави.

Власт Слободана Милошевића пада. Одводе га у Хаг. Ђинђић преузима власт. Све нас на које бацише дрвље и камење којекакве госпође из невладиних организација гурнуше у страну. Ђинђић гине, почиње акција Сабља. Нормално мене ухапсе неки нови клинци.

Али ме опет уважи моја држава. Самица бр. 17 Раде Булатовић, самица бр. 18 Славко Никић, самица бр. 19. Борисав Микелић. Опет ја са високим функционерима, тешим се и трунем у затворској ћелији. Сећам се једном приликом док је нешто причао са Борисавом Микелићем неки полуписмени стражар

отвори изненада ћелију Радета Булатовића и викне: Каква је то конференција, је ли, вришти стражар. Немој да се то понови, јер сада сам се сетио, ти си био неки курац, некад, следећи пут се нећу сетити. Иде редовна порција, разумеш бре ти мене, ово је затвор, а не твој кабинет, будало једна. Разумем, рече Раде Булатовић, шта ће, мученик, ћути – види и он у чије је руке пао, па се труди да преживи. И то је успех у тим условима.

Ћутим ко заливен, јер знам ја да и ту има полиграф, скоро исти као онај што оста у бурету да чека нека нова времена. Ударац гвоздених врата прекида све у ћелији без прозора, али и без разлога неки људи проводе још једну ноћ, молећи бога да одатле изађу живи. Бог је услишио наше молитве, ми смо изашли. Држава нам плаћа одштету, али у души рана. Хапсили су ме испред ћерке М. неки моји Срби, али са маскама преко лица.

Онда кад ме препознаше као ја Весеља и Фаика не усудише се да скину маске. Не знам зашто. Рекох вам ја све је у животу **можда**, па и оне заслуге, 20 година рада, рат, ризик, опасности и то неки нови клинци гледају и кажу, **можда, можда, можда** све док се и њима не обије од главу ово **можда** па све испочетка само са неким новим људима. Јер, кад ја одем код мојих другара и ова прича постаће **можда**, јер онај који је написао неће бити више жив, **можда**.

Претње шиптара

Да не заборавим да споменем и то, уместо да ми се шиптари захвале што им сународнике нисам побио они онакви какви су „**можда** људи" измисле неки злочин, па би мало да ми суде. Ма то су ти они, познајем их, са њима сам се родио и растао. Причао ми је, сада већ покојни, отац Велиша да су их шиптари који су радили као слуге код мог ђеда Божа, хранио их је бре, предали талијанским и немачким властима у Ђаковици за време окупације. Тако се они захваљују и сад. Спремни су да те љубе од ципела па до грла, а кад дођу до грла, нема везе колико си им у животу учинио, довољно је само да си Србин и они кољу. То није **можда**, то је тако. Да би било јасније, који ово читаш или мој **можда** брате који ово гледаш као нешто, на основу чега ћеш да још једног Србина оптужиш за то што је хтео да се бори, а не да бежи од бандита, па га због тога оптужиш, јер је он **можда** крив, али нема везе, он је Србин то није **можда**.

 *Славко Никић – Цаки*

Приштина, 1998. године

Позив 038 – Приштина

Зове ме одмах после рата мој некадашњи комшија и друг Агим Гаши из Улице Ђемаиљ Ибиши из Приштине и каже:

Славко овде код мене су УНМИК полиција и УЋК-е (шиптарска војска) заједно, а предводи их Иљаз Ладровци, један од команданата из Дренице.

Распитивали су се за тебе, брзо прича Агим. Зашто, шта им требам ја, питам га. Па овај Ладровци каже да си ти познавао његовог брата. А његов брат је негде погинуо.

Баш ме брига за његовог брата, сви Ладровци-терористи треба да изгину, видно љут му одбрусих.

Па шта ја имам са тим, питам га зачуђено. Славко ово ти јављам зато што си ти мени много помогао када ме хапсио онај Перо Дамјанац, сећаш се, а и Абдурахиму си помогао када је био болестан.

Мој отац, каже Агим, Абдулах ми је рекао да те обавезно обавестим, јер ако кренеш овамо тебе ће ухапсити и то је крај, ти знаш, упозорава ме Агим. Стари ми је рекао и то да те упозорим и да су Ладровци из Дренице изузетно опасни и да се чуваш.

Ти си нама веровао онда када си нам помогао, а и ми знамо да ти не можеш да направиш никакав злочин, па ти зато ово и јављамо да ти не останемо дужни,

каже Агим Гаши. Не смем више да причам, рече Агим, поздрависмо ми један другоме породице и то је био мој последњи разговор са Агимом Гаши.

Ето, брате опет можда, оно можда ме прати кроз цео живот. Можда, можда, можда ја нисам у праву када кажем да су сви шиптари лоши. После овога желим да кажем да су лоши сви они који су чинили злочине, па макар они и не били шиптари. Јер ту нема можда, можда то је тако. Код њих је тога, тих фукарлука било највише бар у мом времену, тога зла су они највише починили, па је тешко наћи неког као што је Агим Гаши и његова породица. Али ето, он се сам јавио. Можда искрено.

Он се колико знам сада бави приватним послом и колико сам чуо слободно се креће по целој Србији. Ако, тако и треба. Знам ја Агима, мора он да слуша своје са Косова и Метохије, па ће морати и мене да прода, ако му то нареде.

Ма и то је можда. Можда се ови наши шале. Све је можда, кажем ти ја. Шиптарски борци и то и они за које се зна да су чинили злочине слободно шетају, уживају сва права своје можда државе. А ми Срби: неки изгинули, многи у затвор, а највише је оваквих као што сам ја, који често немају шта да раде.

Морам да ћутим, јер и ја сам ратовао на страни Србије, а против шиптара и њихових Нато ментора са неба. Крив сам, јер нисам побегао. Бранио сам своју Србију, мајчин гроб, а онај млади војник, шта да радим с њим кад га сањам како да га пустим из оних кола.

Поносан

Ма поносан сам ја на оно што сам радио. Све што је можда тога и нема, па ће и ово можда стање у нашој држави проћи. Не бринем ја за моју будућност, ја је немам. Бога молим само да мојој деци М. и Ј. бог да здравље и срећу, а и својој осталој деци света, то молим бога. А мени да смрт прекрати ове муке и патњу, да не бих доживео неко ново понижење да ме опет неки нови клинци хапсе, као они из акције Сабља, а да ни сами не знају зашто то раде.

Чувена по безакоњу Сабља ме је научила да још увек правих заслуга нема, јер то је само можда 20 година рада, то је само можда одузетих стотине кила херона од шиптара, на Косову и Метохији, то су само можда претње, али не од можда мафијаша и бандита, од којих сам неке набројао на крају ове моје животне исповести. Јер ја нисам био можда, ја сам стварно Славко Никић — Цаки из Приштине, Улица Видовданска (некада Маршала Тита) бр. 56/4. То није можда, то је стварно.

Тамо сада живе неки други људи, а ја полако постајем можда, можда. Ово не треба да значи да ако Србија буде поново нападнута да ја треба да се сакријем. Не, ја ћу опет наћи модус како да браним моју државу Србију коју волим исто колико и Црну Гору.

Ово треба да значи, да свако од нас ако се сећа да је неко у његовој близини направио неки злочин над нејачима, децом, женама, старцима и свим осталима који нису пуцали у Србију, одмах пријави овим властима, јер ово није **можда** Србија, ово је права Србија.

Сећам се док сам гледао суђење покојном Слободану Милошевићу, тужилац га пита за неко силовање које је неко починио код Ђаковице ако се добро сећам и разапињу га због тога. Па откуд је Слободан Милошевић могао да зна шта је могла да уради каква будала или битанга на 500 км од њега. Он је био прави председник и имао је друга посла, а није био **можда** председник, **можда** државе коју су **можда** признали неки, па да се бави и таквим стварима. Па зато нама не требају **можда** хероји, **можда** ратници и **можда** патриоте.

Нама требају праве патриоте. А прави патриота Српски борац никада, историја не памти, није убијао нејач. Па ако се међу нама неки и изродио, дајте да га видимо, а не да сви патимо због тога.

Ово је само један део живота човека који је 20 година био оперативац. Али не онај оперативац који је обилазио српска села и бележио ко слави славу, а ко не. То су **можда** оперативци и они су радили за неку „**можда** службу".

Ја сам један од оних који је био у стању да уђе међу шиптаре, који се фамилијарно баве трговином дроге и одрадим свој део посла. То није **можда**, то је стварно. Сви полицајци које сам на почетку навео ме познају и то знају. Без обзира што чувени стручњак и борац против кријумчарења дроге, Марко Ницовић,

у једној емисији рече да је то немогуће, ја то радих. Каже Марко то је **можда**, е ни то није **можда**, ја сам то радио.

Волим да слушам Бору-Чорбу јер он није **можда** уметник, он је стварни уметник, а и безобразан је као ја, па јавно показује да воли Србију. Срам нас било Боро. **Можда** ово и није тако лоше с' обзиром да се нисам с оловком у животу много дружио, мислио сам да ми оружје боље стоји. Али то је било само **можда**, јер то су сви заборавили, а ово није **можда**, ово оста записано за душу свих сарадника службе које сам познавао и оне које нисам, а који погибоше, а да **можда** ни сами нису знали зашто. Ма није то **можда**, знали су они, волели су оне за које су радили (како смо ми то звали), зато су погинули. Само се ови сад праве како су то **можда** заборавили.

Види, богати, колико је јако ово **можда**. **Можда** сам и ја још увек жив, **можда** и ово није крај.

Али оно што сигурно није **можда** је да је све ово сува истина и само истина и ништа осим истине (научих нешто од оних силних суђења у Хагу која нису **можда**, то је стварно, ако ми не верујете питајте Војислава Шешеља који је тамо зато што је **можда** крив).

Поздрав од последњег живог сведока који је још **можда** ту негде око вас, али без посла и са обезбеђеном будућношћу које нема. Ово није **можда**, ова књига је мој потпис.

Петровац

МОЖДА

Љубљење

У рату ти је, љубљење превентивно поздрављање са оним кога љубиш, јер знаш, рат је, па **можда** се више нећеш срести с њим. Али се увек надаш да ако ко од нас двојице који се љубимо мора да погине, то по могућности буде он, јер живот је чудо, а човек је само његов излог. Ако се излог сломи живота нема. А ако мора да се сломи, па нека то буде туђи излог, јефтиније је. Е то ти је **можда** љубав. И то ти је **можда** љубљење са оним кога **можда** волиш.

Ако ми не верујеш сети се кад се љубиш са својим ђететом, на чији живот мислиш, на свој или на живот свога ђетета, па упореди са оним љубљењем у рату, па ћеш видети шта је истина. Зато и када некога љубиш, мораш да водиш рачуна кога, јер **можда** и он мисли исто што и ти. Шта ли мени мисле они које сам повезивао на онај полиграф, шта мислиш. Е то исто и мало грђе ми мисле сви они са онога списка чије ја претње до сада преживех, па ћу и ове **можда**? А сви они који би требало да ме штите и помажу ми, они се праве да су **можда** заборавили. Али ако, не љутим се ја. Знам, они су само **можда** људи.

Многи од њих када су конкурисали у полицији су то урадили у жељи да се заштите од оних момака-

-мангупа којима нису смели да се супротставе, па су рачунали када их приме у полицију неће смети више нико да их бије.

Мали број је желео да буде примљен у полицију, а да је имао на уму да ће тако моћи да заштите некога, да некоме помогну, јер између осталог и плату за то примају. Не даје држава плату зато што више не сме комшија да те шутне у дупе кад поред њега прођеш. То није **можда**, то ти је права истина о **можда** полицајцима. Познајем ја добро полицајце, има оних правих, хвала богу, али има и оних који личе на Микице.

Да ме неко не би погрешно схватио када кажем полицајце не мислим на ове који ми гледамо по граду, по улицама и раскрсницама, већ на оне који заборавише нас оперативце, а то су најчешће пуковници, па горе, до генерал-пуковника, а не саобраћајци и позорници.

Значи поред оних: из чамца, из белог камиона, из црног мицубишија, из шуме и свих осталих који се на промену времена сете ратног полиграфа, који сам ја измислио, ставићу на онај списак и све оне који се препознадоше као **можда** полицајци, па нека ми се јаве. Оставићу на крају ове моје приче и телефон. Јер сви ви исто волите мене и све остале оперативце службе којих више нема. Волим Србију, волим њену полицију и волим српску војску, па ако вам је воља разапните ме. Само ћу отићи код оних који су ме више волели од вас, а за њих нисам никад радио. Лако ме можете наћи. Сада сам пријављен на адреси на којој и живим, а не као пре на адреси некога од вас.

МОЖДА

Ма знам правићете се као да ово **можда** нисте ни прочитали, знам ја вас, само ви не знате мене. Ја и сада када бих чуо да је било који од вас угрожен иако сте пензионери, ја бих му притекао у помоћ, па макар погинуо. А ви који се препознадосте не. Само молите бога да и ја погинем да случајно не напишем ово. Заборавили сте, ја сам најбољи и зато све радим унапред. Сећате се да сте ми увек говорили да увек идем испред времена. Па и сада ја ово написах, а ви, ви који се препознате, остаје вам само да се стидите. А ја и ако преживим. **можда**? Могу само да будем поносан на оно што сам радио. Моји другови ме чекају, а вас ни тамо нико не чека. Ви сте **можда.**

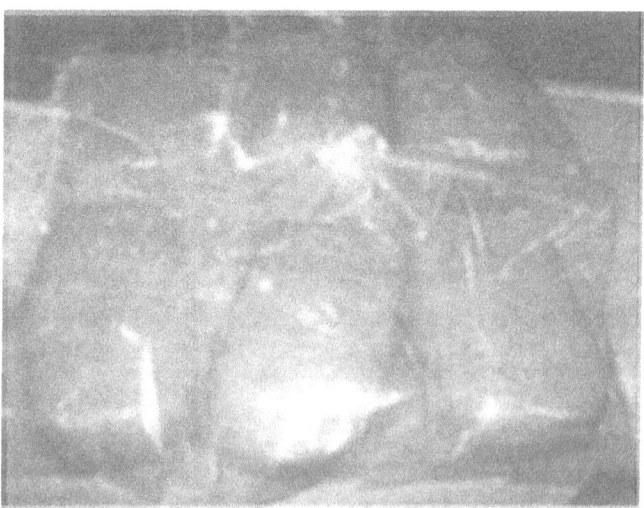

МОЖДА

Правила игре

Све оно што сам радио за државу, односно за полицију постала је не само прошлост, већ и нешто што се није ни догађало. Сви перу руке. Желе да и у њиховим животима (полицајци, махом пензионери) то не постоји, јер то више није актуелно, како ми једном приликом рече пуковник полиције Милан из Призрена.

Последњи сам живи сведок из тог времена. Па реших да не бацим у заборав мојих 20 година живота, него да направим један мали подсетник. Више нису држави потребни такви људи.

Законом је установљена институција „убаченог полицајца" то је поштеније. До увођења „убаченог полицајца" у откривање разних кривичних дела то су радили људи као..., из ко зна којих разлога, али су то успешно и са доста ризика одрађивали.

Сви они полицајци које ја знам међу којима су и
1. Марко
2. Петар
3. Милан
4. Ђорђе
5. Бошко

6. Ђино
7. Милић
8. Раде
9. Боро
10. Кирби
11. Бора
12. Славко
13. Милутин
14. Милан
15. Зоран
16. Мишко
17. Горан
18. Родољуб
19. Омер
20. Мијодраг

и још много других, махом пуковника, који су ради свог успешнијег рада на вези држали и по 10 људи којих више нема. Да ме неко не би погрешно схватио, ја ове људе не прозивам да су они кривци, за смрт својих „људи", већ да само не забораве оне који су им смртно веровали. Оне који би и данас да устану из гроба опет за њих радили.

Са овог малог списка полицајаца има неких које сам хапсио, па ви видите ко би то могао да буде. А има и оних којима сам неизмерно захвалан, као што је ? са којим и данас контактирам.

Ако се неко осети прозваним, па одлучи да ме прекори подсећам га на следеће:

МОЖДА

Преживео сам претње:

1. Сејди Весељија, ПР
2. Тахира Земаја, ПЕ
3. Мет Касумија, УР
4. Нусрет (Лагаџију) Речица, ЛИП
5. Фаик Морине, ПР
6. Зеф Џамај, ПГ
7. Агим Мурати, ПР
8. Агим Забрђа, ВУЧ
9. Душан Спасојевић, БГ
10. Миле Луковић, БГ
11. Десимир Бабић, КГ
12. Влатко Пејовић, НК
13. Глушчевић, БП
14. Гвозденовић, БП
15. Лазар Драшковић, БП
16. Злотворовић ПЕТР
17. Слобо Милић, ПГ
18. Слободан Баћо, БР
19. Стијовић, ПГ
20. Јаков, ЗР
21. Вера, СМ

22. Иљаз Ладровци из Дренице (Ђазим)
23. Дестан Таћи, ПР
24. Нуредин Ибиши, ПР
25. Бато Николић, ПР
26. Индира Николић, ПР
27. Зека Шиптар, ПР
28. Тадија, БГ
29. Воротовић „Фокс", БД
30. Муса Мехмети „Гавран", ГЊ
31. Кенан, ПЕ
32. Фадиљ Суљевић, Медвеђа
33. Фљорим Малоку – Флоки, ПГ
34. Мухарем Нуредини, Подујево
35. Ратко Ђокић, Петровац
36. Тефик Буњаку, Кос. Каменица
37. Рамадан Чехаја, ПР
38. Аљуш Гаши, ПР
39. Рустем Мустава, ком. Реми, Подујево
40. Шеремет Ахмети, ПР
41. Осман Хаљити, Сига, ПЕ
42. Хамди Бенчук
43. Пацоли Ајвалија

Па се надам да се неће нико други наћи на неком новом, оваквом списку, јер ми смо један другог ословљавали са, колега, је л' тако Пеле, куме мој. Али не љутим се ја. Није она, држава, пустила низ воду само нас. Много је активних полицајаца и војника прошло овако. Много њих је завршило у Хагу, а верујте ми и у овим нашим затворима, зато се ја не

љутим. Није више да будеш патриота, Србин, популарно, да браниш своју земљу.

    Сада је популарно да будеш на вези некој невладиној организацији. Држава сада има неке нове критеријуме. Ма не држава, служба, људи, јер држава има другог посла. Сетите се само оног Србина којег нека баба из неке невладине организације ишамара на сред улице, е њега ми је жао. Али ми је више жао **можда** службу која њу не ухапси због кршења јавног реда и мира. Не смем ни да помислим шта би јој се десило да је то урадила у некој другој држави, или неком другом времену и пала у руке неким другим људима из оног времена, и ако ни оно време није било најбоље. Осетила би и она шта је полиграф.

Славко Никић – Цаки

OSNOVNI SUD U KOTORU
Posl. br. K. 319/02
DAna, 04.06.2003.god.

                      Slavko Nikić
                      Barajevo, naselje Guncati,
                      Ul. Prokin kraj br. 8/b

    Kao što ste ranije upoznati pred ovim sudom se vodi kriv. postupak protiv Nikolić Milorada i Nikolić Nadire zbog kriv. djela klevete iz čl. 76. st. 1. KZ RCG učinjenog na štetu Drašković Lazara iz Petrovca.

    U ovom postupku bilo je neophodno Vaše saslušanje u svojstvu svjedoka pa smo Vam uputili poziv povodom kojeg ste se javili tel. i molili zamolbeno saslušavanje navodeći da Vam ošt. Drašković prijeti ukoliko dođete na sud. U tom smislu sud je poslao zamolnicu za Vaše saslušanje pred Opštinskim sudom u Barajevu, međutim na pretresu održanom dana 04.6.2003.god. oštećeni nije prihvatio Vaše zamolbeno saslušanje i insistirao je na neposredno saslušanej a što ima pravo po ZKP-u. Istovremeno negira bilo kakve prijetnje i garantuje da Vam sigurnost ni na koji način neće biti ugrožena sa njegove strane. S tim u vezi pozivamo VAs da prisustpite u Osnovni sud u Kotoru dana 18.08.2003.god. u 10,30 časova i istovremeno upozoravamo da ćemo mo u slučaju neodazivanja izdati naredbu za priv. dovođenja.

                                              SUDIJA
                                              Savić

Убрзо после овога је Лазар погинуо, што значи да ни себе није могао да заштити, а камо ли мене

Котор – позив у смрт

Позив у смрт. Из овог се позива види како ми неки Лазар Драшковић (криминалац из Петровца) даје гаранцију како ми се ништа неће десити ако будем дошао да сведочим против њега.

А непосредно пре тога ме назвао лично Лазар Драшковић и упозорио да ако случајно дођем у Црну Гору да ће ме искасапити и бацити у море. О томе сам обавестио овај исти суд (по замолници из суда Котор) преко суда у Београду.

Нормало би било да ми Суд даје гаранције, може и полиција и то је државна институција. Не, на овом парчету папира се види да ту гаранцију даје само Лазар Драшковић, са печатом суда и потписом судије. Па то је за ону књигу веровали или не. Сви који су веровали оваквим ликовима и папирима, па макар то било и са државним печатом, е они су изгинули. Ако се питате зашто сам им се замерио, е па због тога што на наговор **можда** полицајца Баћа из Бара и Лазара Драшковића из Петровца нисам хтео да учествујем у организовању и киднаповању Александра Николића и његове мајке Индире. Већ сам о томе обавестио полицију, али српску и спречио их у тој намери. Ту су се још појављивала презимена

Калуђеровић, Злотворовић и још нека. Те људе ја никад нисам видео. Њих је спомињао Лазар Драшковић и Баћо.

    Лазар Драшковић убрзо после тога гине. Значи ни себе није могао да сачува, а не мене. Њега је убио неки Комнен, који је још док је Лазар био жив радио за њега. Комнен ми се био примакао у Београду, а вероватно по наруџби Лазара. Али ипак сам ја био бољи и бржи, па сам му само рекао у зубарској ординацији у коју је дошао да здраве зубе поправља, пошто зубара нема у Црну Гору – да му случајно на ум шта не падне, јер га пратим од кад је узео југо 45 у рент-а-кар и са којим се шуњао у мојој близини. Зашто је касније Лазара убио његов оперативац и сарадник Комнен, не знам нити ме интересује. А како ми се захвалио отац Александров, о томе ћу неком другом приликом. О чувеноме, по поштеном занимању, Бату Николићу ћу детаљно и на доста страна да му се захвалим што ме онако без икаквог разлогаl, уместо да ми се захвали, он ме оцрни. Дужан му остат нећу, јер зна он ја сам најбољи, скупио сам довољно података само ми још фале паре за једну дебелу свеску, па ћу полако. Ако не верује нека пита Јоксу.

МОЖДА

Кад су неки полицајци помислили да ме познају, водили су ме код одређених „јаких" приватника, а они су на овај начин самном комуницирали. Али се полицајац прешао, а налогодавац био кажњен. Јер налогодавац није познавао полицајца, а полицајац није познавао мене. А они су и даље на својим местима и раде неки свој посао. На овај начин их подсећам на њихово можда-поштење. Кад препознају овај папир нека ми се слободно јаве и један и други, па ћу их ја подсетити да сам ја ипак најбољи оперативац Србије.

I sa ovim, hoćemo konkretan rezultat!

Specifikacija:

4 x DM 1.000 =	DM 4.000
4 x DM 500 =	DM 2.000
30 x DM 100 =	DM 3.000
10 x DM 50 =	<u>DM 500</u>
	DM 9.500

150 x 100,oo din. = 15.000,oo dinara : 30 din./dm = DM 500

$$\begin{array}{r} \text{DM } 9.500 \\ + \underline{\text{DM}\quad 500} \\ \textbf{DM } \textbf{10.000} \end{array}$$

SREĆNO!
SREĆNO!
SREĆNO!

Оперативни трошкови

 Славко Никић – Цаки

Смрки

Мој оперативац

Ово је мој пас Епир-ла бој (тако му је било име), а ја сам га звао Смрки (скраћеница од Смрдоје).
Е, он је био мој оперативац. Био је спреман за мене да погине. То се не заборавља, ко образа има. Ја сам га волео, а он и није био Србин, он је био Италијан, из Напуља. Замисли, напуљски мастиф, Италијан, а радио за мене Србина. И он је био првак Србије, најбољи, исто као ја. Само што ја њега никад нисам заборавио, јер он је био мој оперативац. Знаш шта то значи.
Па ишао је тамо где ја нисам смео. Е, зато ја њега никада нећу заборавити. А ови за које сам ја радио, чији сам ја оперативац био, ишао где они нису смели, е они мене заборавише. А био сам и Србин и најбољи, али ништа. Ово није **можда**. Ово је жива истина. Све.

Готи и Цаки на одмору

Остављен пред „рат"

Да ли ме је служба намерно оставила пред рат. Да ли је неко од полицајаца са којима сам радио хтео да погинем у оном лутању – не знам. Знали су они да ћу ја покушати да се прикључим некој јединици војске или полиције. Рачунали су када не успем, да у том лутању и разочарењу погинем и на тај начин се реше последњег живог сведока из тог времена.

А чега сам ја сведок? То **можда** само они знају, ја сам заборавио. Можда ме они подсете.

Можда су ме на крају опет прихватили и послали тамо одакле се нећу вратити. Или су рачунали да ћу направити нешто због чега би могли да ме после рата ухапсе – разапну. Видели су они да се свим силама борим да учествујем у одбрани Косова и Метохије.

Нисам ја као они па да „орден" ставим у гепек кола или на камион, па за Србију. И таквих је **можда** било. Сигуран сам да они нису срећни што сам жив. Нисам био наиван онолико колико је њима требало па да ме злоупотребе. Зато скидох маску са лица испред шиптара, пустих све оне за које није био заин-

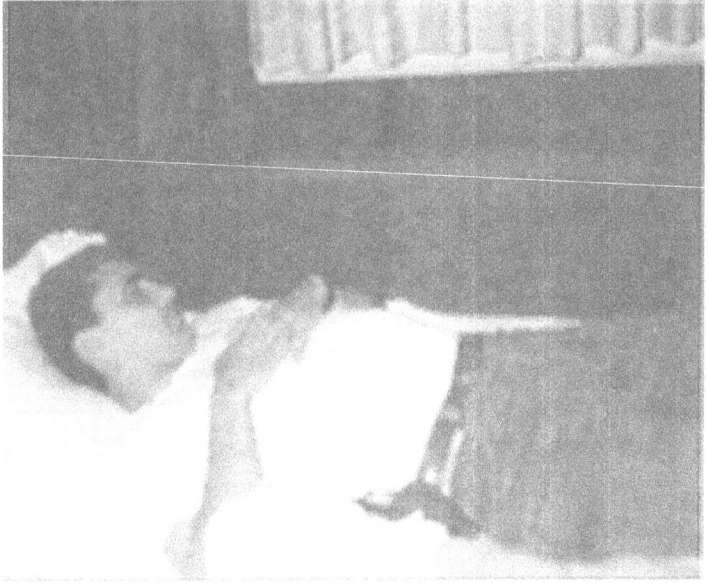

Још увек жив

тересован командант ужичког корпуса Груица Давидовић – генерал.

Немам ја право да показујем да више волим државу од генерала Давидовића. А да ли они смеју да скину маске или бар да заспу сами, као што ја спавам, од Сабље, па до данас. Не верујем.

Нису ме познавали. Били су у заблуди када су помислили да ћу урадити нешто што би могло њима да помогне да ме униште. Послушао сам ја оне који су ме стварно волели. Пустих и Словенце и Црногорца Калезића. Нисам им ја дао душу, па не хтедох ни да им је узмем.

Фали нама још један 5. октобар. Па, тек онда би било све „чисто" (како се каже војничким речником

МОЖДА

за терен на коме више нема непријатељских војника). Нису били пријатељи Србије они који су уместо савести и правила службе користили дигитрон.

Ово је био мој рат за рат.

Полиграф има више хиперболичко значење него што је у стварности био. То се може лако проверити. Сви које сам споменуо су у животу. Без употребе полиграфа у овој мојој причи би било све тужно. А то онда нисам ја. Увеличах причу о ратном полиграфу. Многи се томе насмејаше, а и расплакаше **можда**, јер све је **можда** осим оних који су **можда** бранили Србију и сада смо ту где смо. Већа би била Србија данас да су неке пензионисали пре рата.

Шиптарски шпијуни

Последњи шиптарски шпијуни који су дошли до мене су: Бујар Јашари и Беким Мехања. Невембра месеца 2009. године Агим Гаши их доводи, ненајављено у Београд. Возило „голф 5", црвени 532-КС-272 регистарских таблица. Можда случајно, али да су мене и Агима сликали намерно, то сам сигуран.

Ја сам им дозволио да нас сликају. Нека „људи" обаве свој посао. Личне карте су „случајно" *можда* заборавили код мене. Дали су оригинал или не, није битно. Агим Гаши је вратио дуг када ме је обавестио да ме тражи Ладровци из Дренице. Сада би мало да крене у офанзиву. Сви су они исти.

„Веровао" сам ја и када је његов брат Абдурахим ишао у Албанију да продаје „бомбоне" није он ишао на војну обуку, није он као „други". Он је увек био као „први" међу њима. Па му верујем и да је и ову двојицу довео да једу „бомбоне" у Београду. А да ли је Агим Гаши шпијун, не знам. Ма није он шпијун – *можда*, он је прави шпијун. Он има само: српски, шиптарски и амерички пасош. Шиптарима није битно за кога „раде" они воле да „раде". Радили су они и за „мене" можда.

Радно одело оперативца

Стриц Ристо Никић

Морам да споменем човека којем дугујем посебну захвалност – мом покојном стрицу Ристу Никићу. Он је био најстарији стриц и по аутоматизму породичног закона и обичаја који се увелико поштовао, сви смо желели, а не морали да га слушамо. Био је веома надахнут и школован човек за то време. Још као момку, док сам са њим ишао у лов по метохијским брдима и планинама, ми поред осталог рече:

Никада у животу не смеш одмах и лако да кажеш последњу реч. Ми живимо на Косову и Метохији и последња реч најчешће значи метак. Е то ти је правило које мораш поштовати, ако желиш мирно да спаваш – последња реч је увек у далекој будућности, а не одмах. Последњу реч одмах изговарају кукавице.

И да знаш сине, говорише покојни стриц Ристо, људи који до своје среће долазе уз помоћ оружја, њихова је срећа мала и показа ми онај отвор на цеви од пушке. Е видиш ли колицка је ова рупа, е толика је и њихова срећа, рече мој стриц Ристо Никић из Пећке Бање. Научи он мене тада много. Стотину сам се пута сетио те реченице у животу. Једном сам га приликом питао што не уби оног зеца који протрча

испред нас. Покојни стриц се само насмејао и рекао, па нисмо ми пошли у лов и понели пушку да њоме тражимо срећу. Пушку носимо да не наиђе која друга дивљач са злим намерама, а наша је намера да шетама, лијеп је дан одговори ми мој стриц. На које је дивљачи мислио стари полицајац Ристо Никић никад ми није рекао. Али у време рата на Косову и Метохији ја се сетих на коју је дивљач мислио покојни стриц, док сам патролирао по брдима и шумарцима око језера Газиводе.

Последњи Никић у селу Добруша, мој брат Ненад

Извињење

После свега се извињавам само мојој деци: М. и Ј, јер нисам могао да будем поред њих док су расла, па да се заједно радујемо. Или сам радио за службу, па нисам био ту, или сам се трудио да будем довољно далеко од њих и када ништа нисам радио. А све то да уколико неко покуша да ме убије то не уради испред њих. Да цео живот деца због тога пате. Него само јаве, он је некад био **можда** жив.

Манастир Високи Дечани
У овом манастиру је крштена моја старија ћерка М....

МОЖДА

Земља

Космет сад је, нека земља тужна
Од лепоте које се сећамо
остала је успомена ружна
ми сањамо како се враћамо.

Од враћања нашег ни говора нема.
На опрезу, да будемо сада
неки нови егзодус се спрема
А и војска нека, припрема се млада

Да удари на земљу Србију,
да нам узму, кажу то је њино,
хоће с нама за то да се бију
а Србин је најбоље, тамо пио вино.

Метохија наша, тај грозд је родила
та црквена земља, Србина сад чека
српска рука увек јој је мила,
а не да је оре сада друга нека.

И шиптари знају, да је земља наша
окупатор ништа, не признаје живо
као да је њихова, тако се понаша
за отету земљу пита, да ли нам је криво

Зашто пита кад га брига није
шта ли хоће он нама да каже
за Косметском земљом Србин сузе лије
његова је земља, тако шиптар лаже.

А од лажи не прави се кућа
то ће виђет, али ће бити касно
добра ће им бити колиба од прућа
показаће Србин – ми у праву да смо.

Кад тврд Србин за нечим заплаче
српска суза кад на образ кане,
на ноге војничке тада Србин скаче
неко старе дирнуо му ране.

А Космет је српска рана жива
превија је, чува као дете своје
алавост је шиптарска сада њима крива,
јер сад пушке на готовс нам стоје.

МОЖДА

Игор Спасов

Ако неко сумња да сам као Славко Никић могао све ово да радим, е онда предлажем да Игор Спасов новинар из Београда прикаже филм „Позовите Б 92 на Косову" и он ће се сетити човека који је обезбеђивао његову екипи и њега за време боравка у Призрену. Он нека каже шта сам све тамо могао и радио, а филм ће показати како радим свој посао „полицајца", док његова екипа снима.

063/700-1299 – то је мој телефон

У књизи се помињу два лица са истим именом и презименом:

1. Горан Радосављевић – Гури – генерал полиције – Шумадинац – мајор

2. Горан Радосављевић „Арканов гардиста".

Ekspertski dokument o mafijaškim ga...
Diverzanti i k...

Fatmir (Šefćet) Humoli, zvani Baci

Rođen 11. aprila 1965. godine u selu Donje Ljupče, opština Podujevo. Poslanik Skupštine Kosova, aktivan u Kosovskom zaštitnom korpusu.

Godine 1982, kao član ilegalne organizacije "Novo Kosovo", uhapšen je i osuđen na zatvorsku kaznu u trajanju od tri godine. Nakon izlaska iz zatvora, priključio se organizaciji NPK, da bi, posle hapšenja jednog broja njenih pripadnika, ilegalno prebegao u Albaniju. Godine 1997, u odsustvu, osuđen je na osam godina zatvora.

Početkom 1998. godine ilegalno je iz Albanije došao na Kosmet i angažovao se na prihvatu naoružanih lica koja su dolazila iz Albanije i njihovom upućivanju u jedinice OVK na teritoriji opštine Podujevo. Iste godine, zahvaljujući svojim vezama s Rustemom Mustafom, postaje

član lapskog štaba OVK. Po njegovom i nalogu Rustema Mustafe, 1999. i 2000. godine formirane su dve terorističke grupe: BIA (grupa je dobila na-

ziv od poč... imena ubijen... Bahrija Fazliu... njuševcija i Ag... manija, a sedišt... lo u Prištini, ...

МОЖДА

i na Kosmetu odlučuju o životu i smrti (27)
peri u Orahovcu

anjevac), koja je imala zadatak da izvodi terorističke akcije prema ostalom srpskom stanovništvu na teritoriji smeta, i „Skifteri", zažena za vršenje pritisna nealbansko stanovštvo (vođa ove grupe je Ruždi Haljilji, zvaRudi, a članovi Behar iša, Nazif Metoli, zvaTabut, Hiljmi Velji, ni Smrt, Haki Abazi, an Sinani, Gani Koci, čet Murselji) Šaćir Be, kao i braća Raik i f Arifi). ripadnici pomenutih pa bili su uključeni u idaciju Kemalja Šaija, pripadnika CRDB tina, Ljatifa Krasnićiz sela Mahovca, DžaŠalje, iz Vranjevca, i era Đekija. Pripadnirupe „Skifteri" likvili su Miška Maršulo, rezerviste MUP-a je, i njegovog zeta gana, iz Kruševca. adnici terorističke e BIA izvršioci su tetičkog napada na pu-

tnike autobusa „Niš-ekspres", koji je izveden 16. februara 2001. godine, u blizini sela Livadice, opština Podujevo, kada je poginulo 11, a povređeno više putnika srpske nacionalnosti. Humoli je umešan i u ubistvo Milana Milovanovića u selu Dabovac, opština Kuršumlija, kao i u postavljanje protivtenkovske mine na putnom pravcu Kuršumlija-Prepolac, novembra 1999. godine, kada su poginula tri pripadnika MUP-a Republike Srbije, dok je šest policajaca teže ranjeno.
Sabajdin (Samedin) Cena, zvani Sosi
Rođen 13. marta 1953. godine u Orahovcu. Bio je jedan od inicijatora i organizatora diverzantsko-terorističkih grupa na području Orahovca, početkom 1998. godine. Kao član štaba OVK za Orahovac, učestvovao je u donošenju odluke da se oružano napadne Orahovac, a potom izvrše kid-

napovanja i likvidacije više desetina civila srpske i crnogorske nacionalnosti.

Nakon povlačenja snaga bezbednosti Republike Srbije s Kosmeta, sa svojom terorističkom formacijom ušao je u Orahovac. Tada je, po njegovom nalogu, otpočelo hapšenje Srba i Crnogoraca, kao i Albanaca lojalnih Republici Srbiji, od kojih je jedan broj ubijen.

Kao predsednik Demokratske partije Kosova za područje Orahovca, učestvovao je u preuzimanju lokalne vlasti, pri čemu je opljačkana privatna imovina srpskog stanovništva.

Zbog zločina koje su teroristi OVK počinili tokom 1998. i 1999. godine, prema nealbanskom stanovništvu na području Orahovca, pripadnici Unmik policije tragaju za Sabajdinom Cenom i Ismetom Tarom, takođe iz Orahovca. Obojica se nalaze u bekstvu.

Muru su ubili članovi ove bande
„Национал", 10. март 2004. године

 Славко Никић – Цаки

РЕПУБЛИКА СРБИЈА
МИНИСТАРСТВО УНУТРАШЊИХ ПОСЛОВА
Управа за борбу против организованог криминала
Број КУ-4713/03 Л.С.58/03
Дана 07.04.2003. године
Београд

Овлашћено службено лице Министарства унутрашњих послова Републике Србије, у складу са чл. 5 Закона о мерама за случај ванредног стања (Сл. гласник РС број 19/91), чл. 8 Закона о унутрашњим пословима (Сл. гласник Р Србије бр. 44/91), а на основу тач. 2 Наредбе о посебним мерама које се примењују за време ванредног стања (Сл. Гласник број 22/03) доноси следеће

РЕШЕЊЕ

Задржава се НИКИЋ СЛАВКО, од оца Велише и мајке Косе, рођен 20.04.1960, у Приштини, општина Приштина, држављанин СРЦГ, са пребивалиштем у Зрењанину, улица Славка Мунћана број 108, ЈМБГ 2004960910047.
Задржавање по овом решењу може трајати најдуже до 30 дана.
Задржавање се именованом има рачунати од 07.04.2003. године, у 11,00 часова, када је лишен слободе.

Образложење

Именовани је дана 07.04.2003. године лишен слободе, с обзиром да постоје основи сумње да угрожава безбедност других грађана и безбедност Републике.
Лице је припадник групе и у контакту са групом лица који се баве организованим криминалом.
Како су тиме испуњени услови из тач. 2 Наредбе о посебним мерама које се примењују за време ванредног стања, то је решено као у диспозитиву.

ОВЛАШЋЕНО СЛУЖБЕНО ЛИЦЕ
Костић Ненад

Породица именованог обавештена је о одређивању задржавања по овом Решењу.

ПРАВНА ПОУКА: Против овог решења именовани има право жалбе, која се одмах доставља министру унутрашњих послова.
Жалба не задржава извршење Решења.

Потврђујем да ми је дана 07.04.2003. године, у 19,00 часова, саопштено Решење и уручен примерак истог.

Против овог Решења именовани није изјавио жалбу – изјавио је жалбу, дана . .20 . године, у , часова.

РЕШЕЊЕ САОПШТИО:
Костић Ненад

РЕШЕЊЕ ПРИМИО:
Никић Славко

МОЖДА

Република Србија
МИНИСТАРСТВО УНУТРАШЊИХ ПОСЛОВА
Управа за борбу против организованог криминала
Одељење за борбу против општег организованог криминала
КУ број 4713/03   ЛС број 58/03
15.04.2003. године
Београд

На основу Закона о мерама за случај ванредног стања / Сл. Гласник РС број 19/91, Закона о унутрашњим пословима /Сл. Гласник РС 44/91/ и Наредбе вршиоца дужности председника Републике о посебним мерама које се примењују за време ванредног стања, од 12.03.2003. године, Овлашћено службено лице МУП-а Републике Србије, Секретаријата унутрашњих послова у Београду, доноси следеће:

РЕШЕЊЕ

УКИДА СЕ ЗАДРЖАВАЊЕ у службеним просторијама одређено над НИКИЋ СЛАВКОМ, од оца Велише и мајке Косе, рођеног 20.04.1960. године у Приштини, држављанин СРЦГ, са пребивалиштем у Зрењанину, у улици Славка Мунћана бр. 108, ЈМБГ 2004960910047.

Задржавање по овом решењу престаје дана 15.04.2003. године, након чега се именовани има пустити на слободу.

Образложење

Овлашћено службено лице је на основу Наредбе о посебним мерама које се примењују за време ванредног стања, и у поступку прикупљања обавештења и доказа, везаних за откривање и хватање веће групе учинилаца кривичних дела са елементима организованог криминала, на дан 07.04.2003. године у 11^{00} часова одредило задржавање Никић Славка.
Како су у предмету Никић Славка предузете све потребне оперативно криминалистичко тактичко техничке мере и радње, то је одлучено као у диспозитиву решења.

ОВЛАШЋЕНО СЛУЖБЕНО ЛИЦЕ
потпоручник
Маћешић Жељко

Решење ми је саопштено и примерак уручен 15.04.2003. у 13^{30}

Примио копију решења,   Решење саопштио,
Никић Славко   потпоручник
                           Маћешић Жељко

Славко Никић – Цаки

Република Србија
МИНИСТАРСТВО ПРАВДЕ
Број: 703-00-886/2004-15
Датум: 10.10.2005.
Београд
дм/вч

НИКИЋ СЛАВКО

ЗРЕЊАНИН
Славка Мунћана бр. 108

ПРЕДМЕТ: Понуда на име накнаде
нематеријалне штете

  Поводом Вашег захтева за накнаду штете, због неоснованог лишења слободе од стране МУП-а у Београду Ку-4713/03 Лс. 58/03, Министарство је размотрило захтев и увидом у документацију утврдило да сте неосновано провели у притвору од 07.04.2003. до 15.04.2003. године.
  На основу утврђених чињеница и дужине притвора министарство је оценило да Вам може понудити 27.000,00 динара на име нематеријалне штете.
  У прилогу акта достављамо Вам споразум о постојању штете, врсти и висини накнаде штете, који уколико сте сагласни треба да потпишете у три примерка и доставите министарству ради исплате. Такође нам доставите фотокопију личне карте, фотокопију картице или извод, потврду од банке о броју вашег рачуна.
  Уколико пуномоћник потписује споразум или прима накнаду по основу споразума, потребно је да у прилогу доставите специјално пуномоћје за потписивање и пријем новца оверено код надлежног суда.
  Такође Вас молимо да нам доставите доказ да поседујете текући или жиро рачун на Ваше име од пословне банке, националне штедионице или поштанске штедионице, код које се налази ваш жиро или текући рачун, као и ПИБ (порески идентификациони број) те пословне банке или поште.
  Молимо Вас, да се изјасните на понуду у року од 15 дана, рачунајући од дана пријема исте.
  Истовремено Вас обавештавамо да смо понуду са три примерка споразума о врсти и висини накнаде штете доставили 04. јула 2005. године на адресу Вашег пуномоћника, која се вратила јер је Ваш пуномоћник одсутан.
  За сва обавештења контакт телефон: 361-24-58.

СЕКРЕТАР МИНИСТАРСТВА
Нада Петковић - Ристивојевић

4912005.339.doc/20

МОЖДА

Признаница бр. 1568/03

3-0-1-18

Динара 10.000 (словима) десет хиљада
примљено је од
из Бај Никић Будимир
на име Немањина 16 - Бгд.
Никић Велимир Славко
10.04.03 год.   Примио

Штампа: "Футура Тренд"
Ознака за поруџбину: обр. ft 2/55 нцр

ОКРУЖНИ ЗАТВОР
Дана: 07.4.2003   Мат. број 1568/03
Београд

Потврда

На динара 300,00 словима: тристотинадин
ара, која сума новца је одузета од
NIKIĆ SLAVKO
(име и презиме)
ради стављања у депозит именованог.
NOVAC JE STARI.

Предао,   Примио,

Славко Никић – Цаки

РЕПУБЛИКА СРБИЈА
МИНИСТАРСТВО УНУТРАШЊИХ ПОСЛОВА
Управа за борбу против организованог криминала
Број КУ._____
Дана, _____ 2003 године.

ПОТВРДА
О ПРИВРЕМЕНО ОДУЗЕТИМ ПРЕДМЕТИМА

Којом се потврђује да је овлашћено службено лице, на основу чл. 82 ЗКП *:
1. Приликом предузимања радњи у складу са чл. 225 ст. 1 и 2 ЗКП _____
   _____,
2. Приликом уласка и претресања стана и других просторија без наредбе суда
   у складу са чл. 81 ст.1 ЗКП _____,
3. Приликом извршења наредбе _____ суда _____
   број _____ поводом _____,
   од лица __СЛАВКО НИКИЋ_____
                        (име и презиме - назив правног лица)
   из __БЕОГРАДА-_____, улица __НЕДЕЉКА ЧАБРИНОВИЋА__ бр. __84/44__
   општина __ЧУКАРИЦА_____, дана __07.04._____ 2003 године,
   у __10:00__ часова, привремено одузео следеће предмете:

1. ЈЕДАН (1) ПИШТОЉ "ЦЗ 99", бр. 51542, СА ДВА ОКВИРА И 55 (ПЕДЕСЕТ ПЕТ) КОМАДА МЕТАКА КАЛИБРА 9ММ.

2. ЈЕДНА (1) ЛОВАЧКА ПУШКА МАРКЕ ТОЗ 63, КАЛ. 16 ММ, бр. 28933, РЕГ БР. ОР. ЛИСТА 19656, ДЕВЕТ КОМАДА ПАТРОНА ЗА ЛОВАЧКУ ПУШКУ 16 ММ "ЧУСЛОВИТЕ".

3. ЈЕДАН ДИГИТАЛНИ АДРЕСАР МАРКЕ "КАСИО" ЗАКЉУЧНО СА РЕДНИМ БРОЈЕМ ТРИ (3).

О извршеном привременом одузимању предмета биће обавештен _____

Грађанин   Овлашћено службено лице

МОЖДА

Република Србија
МИНИСТАРСТВО УНУТРАШЊИХ ПОСЛОВА
Управа за борбу против организованог криминала
15.04.2003. године
Београд

ПОТВРДА О ВРАЋЕНИМ ПРЕДМЕТИМА

Потврђује се да је овлашћено службено лице МУП-а Републике Србије вратило НИКИЋ СЛАВКУ, од оца Велише, рођен 20.04.1960. године у Приштини, са пребивалиштем у Зрењанину, у улици Славка Мунћана бр. 108, следеће предмете:

1. Један пиштољ " ЦЗ 99 " фабрички број 51542 са два оквира и 29 комада метака калибра 9мм.
2. Ловачка пушка марке " ТОЗ 63 " калибра 16мм, фабрички број 28933, рег. број оружног листа 19656 и 9 комада патрона за ловачку пушку калибра 16мм " CHEDDITE ".

Закључно са редним бројем 2 (два).

ПРЕДМЕТЕ ПРИМИО
Никић Славко

ПРЕДМЕТЕ ВРАТИО
Мапешић Жељко

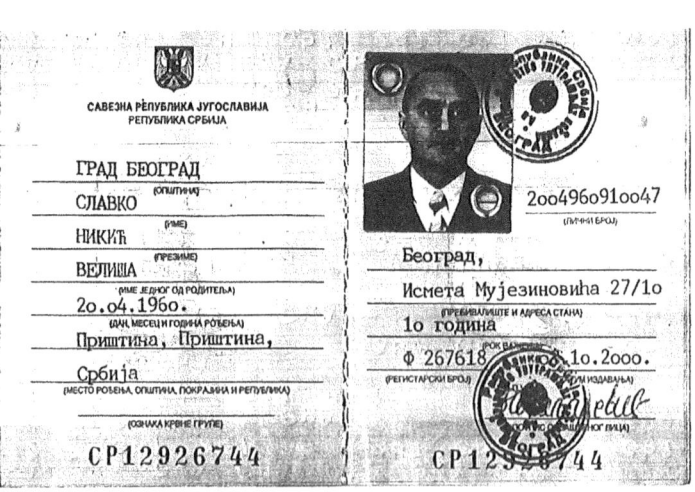

МОЖДА

Садржај

И слободни пишу..5
Моје животне приче...17
Ко нас је чувао..21
Србо Делибашић..23
Оперативац у рату...25
1998. година Приштина..35
„Доминик"..37
Упозорење кума Милета...49
Заклетва на мајкином гробу 53
Ружић Илија ме зове..59
Пункт Подујево...65
Млади војник гине 69
Шеф жели да те види 71
Ужице..79
Језеро Газиводе...83
Викендице 91
Весељ и Фаик..99
Џемпер...105
Камион 109

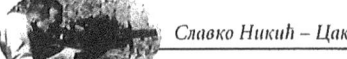

Славко Никић – Цаки

Шума 117
Кајмак 119
Црно возило 123
Оклопни транспортер..137
Слике 143
Поздрав 149
Претње шиптара..157
Позив 038 – Приштина 159
Поносан 161
Љубљење..165
Правила игре 169
Преживео сам претње......................................171
Котор – позив у смрт 175
Мој оперативац..179
Остављен пред „рат" 181
Шиптарски шпијуни 185
Стриц Ристо Никић 187
Извињење..189
Земља 191
Игор Спасов..193

Славко Никић – Цаки
МОЖДА

Издавач
Аутор

Слог, прелом и дизајн корица
„Графика", Београд

Штампа
„Динекс", Београд

Тираж
500

CIP – Каталогизација у публикацији
Народна библиотека Србије, Београд

821.163.41-94

НИКИЋ, Славко, 1960–
   Можда : исповест / Славко Никић – Цаки.
– Београд : С. Никић, 2010 (Београд : Динекс).
– 204 стр. : илустр. ; 21 cm

Ауторова слика. – Тираж 500.
ISBN 978-86-914013-1-3

COBISS.SR-ID 178732812

www.ingramcontent.com/pod-product-compliance
Lightning Source LLC
Chambersburg PA
CBHW071705090426
42738CB00009B/1666